体育类非物质文化遗产项目

内劲一指禅

阙巧生 著

人民体育出版社

图书在版编目（CIP）数据

内劲一指禅 / 阙巧生著. -- 北京：人民体育出版社, 2018（2025. 5重印）
ISBN 978-7-5009-5337-1

Ⅰ. ①内… Ⅱ. ①阙… Ⅲ. ①武术气功—基本知识 Ⅳ. ①G852.6

中国版本图书馆CIP数据核字(2018)第039491号

内劲一指禅

阙巧生 著
出版发行：人民体育出版社
印　　装：北京中科印刷有限公司

开 本：787×1092　16开本　　印 张：11.5　　字 数：150千字
版 次：2018年3月第1版　　印 次：2025年5月第5次印刷
书 号：ISBN 978-7-5009-5337-1
定 价：80.00元

购买本社图书，如遇有缺损页可与发行与市场营销部联系
联系电话：（010）67151482
社　　址：北京市东城区体育馆路8号（100061）
网　　址：www.psphpress.com

健康是人类的第一财富。

苏州市相城区非物质文化遗产

内劲一指禅

苏州市相城区人民政府公布

苏州市相城区文化体育局颁发

2016年2月

苏州市相城区非物质文化遗产

内劲一指禅

代表性传承人

阙巧生

苏州市相城区文化体育局

二〇一六年五月

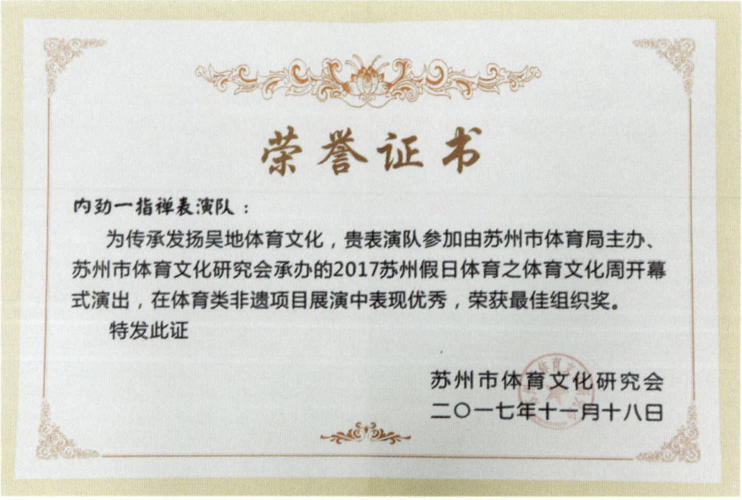

荣誉证书

内劲一指禅表演队：

为传承发扬吴地体育文化，贵表演队参加由苏州市体育局主办、苏州市体育文化研究会承办的2017苏州假日体育之体育文化周开幕式演出，在体育类非遗项目展演中表现优秀，荣获最佳组织奖。

特发此证

苏州市体育文化研究会

二〇一七年十一月十八日

杏林寻宝

全国中医药特色技术演示会

少林内劲一指禅

阙巧生

获邀参加

第九届杏林寻宝大会

特此证明

主办单位：

中华中医药学会

国家中医药管理局中国中医药科技开发交流中心

2017.12.21

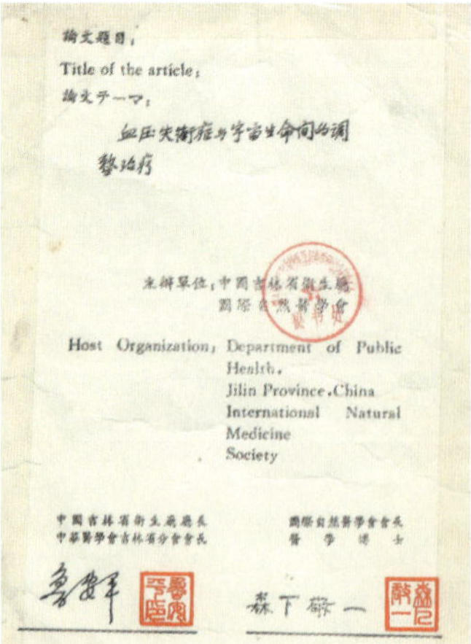

論文題目：

Title of the article：

論文テーマ：

血压失衡症与宇宙生命间的调

整治疗

主辦單位：中國吉林省衛生廳

國際自然醫學會

Host Organization：Department of Public Health，Jilin Province，China

International Natural Medicine Society

中國吉林省衛生廳廳長
中華醫學會吉林省分會會長

國際自然醫學會會長
醫學博士

森下敬一

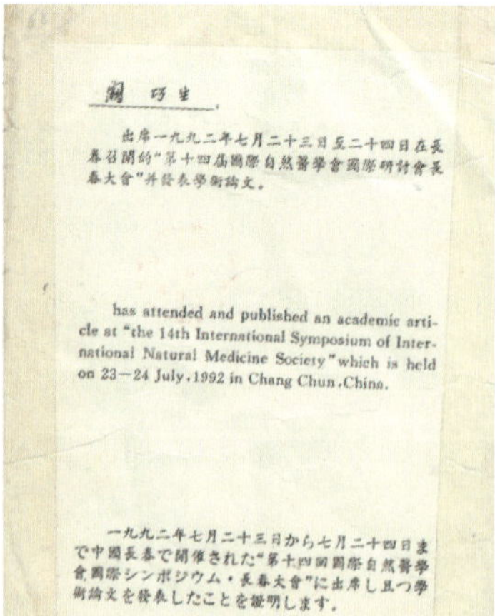

阙巧生，

出席一九九二年七月二十三日至二十四日在長春召開的"第十四届國際自然醫學會國際研討會長春大會"并發表學術論文。

has attended and published an academic article at "the 14th International Symposium of International Natural Medicine Society" which is held on 23－24 July，1992 in Chang Chun，China.

一九九二年七月二十三日から七月二十四日まで中國長春で開催された"第十四回國際自然醫學會國際シンポジウム・長春大會"に出席し且つ學術論文を發表したことを證明します。

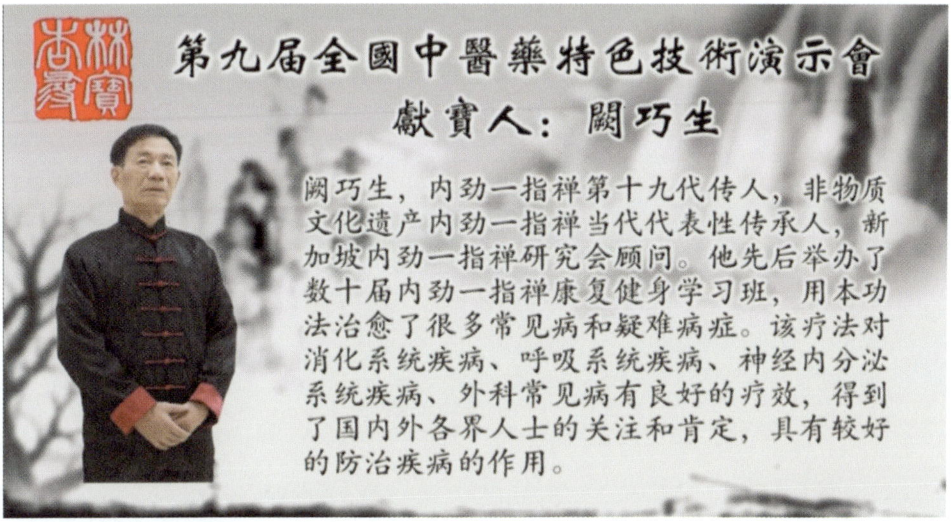

2017年作者参加杏林寻宝——全国中医药特色技术演示会

内劲一指禅第十八代掌门人——阙阿水

阙阿水（1919.9.12—1982.6.11），男，苏州市相城区渭塘镇（原隶属于吴县）人，原名阙文元，内劲一指禅第十八代掌门人。苏州市相城区一直有着尚武的历史传统和习俗，尤以明清时期最为活跃。如明万历十四年（1586年）吴县人陈大猷，清顺治十二年（1655年）吴县人于国柱，均为殿试武状元。阙阿水父亲阙仁卿，是晚清拳师，曾受雇于当地大户人家负责保安工作。在当地尚武习俗的耳濡目染下，阙阿水自幼便随父习武。

阙阿水是福建省少林寺第十八代传授内劲一指禅功的和尚，法号海腾，又名练法和尚。七岁时因家境贫困，生活无着，出家当了和尚，跟随师太杜衍彪、师公杜神彪和师父杜顺彪三位大师，学习“少林内劲一指禅”，并终成一代大师。

内劲一指禅第十九代掌门人——阙巧生

阙巧生（1952.7–），男，苏州市相城区人，内劲一指禅第十九代掌门，苏州市相城区内劲一指禅非物质文化遗产项目传承人。历任苏州市吴县市（现吴中区）气功协会副会长，北京市少林内劲一指禅气功研究会顾问，国际气功科学联合会会员，中国体育气功研究会会员，中国气功科学研究会特约会员，苏州市相城区内劲一指禅协会会长，著名气功师。

阙巧生继承父业，曾多次主持气功健身院咨询门诊。擅长治疗心脑血管疾病，神经系统疾病，以及肩周炎、颈椎病、腰椎间盘突出症、胸椎病、消化系统疾病、外科疾病及扭伤等。几十年来，经其治愈的各种疑难病不计其数，引起国内外友人的关注。

阙巧生曾应新加坡、马来西亚、中国香港等国家和地区的邀请，传授内劲一指禅功法，产生了较大的社会影响。

内劲一指禅第二十代传承人——阙晨立

内劲一指禅第二十代传承人——阙莉萍

序

苏州体育非物质文化遗产项目“内劲一指禅”，亦称“少林内劲一指禅”，是长期流传于江南民间的优秀传统体育项目。其功法动静结合、内外兼修、自成体系，既是气功百花园中的绚丽花朵，也是中医宝库中的瑰丽明珠。

笔者有幸跟随内劲一指禅非物质文化遗产项目传承人阙巧生先生习练站桩功法，得以优先拜读阙先生大作——《内劲一指禅》最新修订本。阙先生自幼随父习功，后继承父业，成为内劲一指禅第十九代掌门人。阙先生坚持弘扬内劲一指禅功法，事业心强、功德高尚。承蒙先生以书序相邀，在下未入门墙，受之有愧，却之不恭。惶恐之余，谨呈读后感想如下。

内劲一指禅不同于一般意守功法，在功法修炼和传承上别开生面，强调顺乎自然，体现“一无所守，心住虚空”的禅功理念。其严谨的结构，考究的桩架，分明的层次，系统的程序，显示出功法的系统、完整、安全、实效且简单易学的个性风貌。据说内劲一指禅原由菩提达摩首创于嵩山少林寺，后传至南少林，再传至江南吴地，其间不断发展完善。苏州浒墅关阙阿水（1919—1982年）先生是内劲一指禅第十八代传人。以此向前推算，内劲一指禅功法形成时间，大约在中国传统养生文化高度发展的明代中后期。

明代中期到清代中期，江南社会经济发达，伴随养生保健市场的繁荣，先后出现了罗洪先的《万寿仙书》、周履靖的《赤风髓》、胡文焕的《养生保养法》、紫凝道人《易筋经》（后演变为《少林易筋经》《练功图说》等）、尤乘的《寿世青编》、颜伟的《延年九转法》等养生著作。特别是吴门医派对传统中医理论进行发展，结合明清之际传入的西方生命科学知识，探讨生命本源，创新气化生命科学，提出了“先后天元气互本论”“元质元神论”“血气互化论”“卫气营血论”及“体质类型论”等新生命学说，从而构建出一个完备的生命本体论及生命发展论体系，形成了有自身特色的动养静养中医理论技术体系。正是在这种环境的熏染下，内劲一指禅成为一门独特的动养保健功法。

所谓“内劲”，是指人体活动的内部能量，即人体内部潜能。这种能量既是蕴藏在人体内部的某种潜力，也是指人的体内气力，亦称“内气”。它通过由浅入深且相互贯通的桩架训练，使练功者自然产生内气。这种内气与自然界的清气融为一体，构成循环之内劲。这种内劲可以通过功法训练激发出来，提高生命质量。内劲训练在各大功法流派中都有自己的练习形式与过程，但一般都从站桩开始。科学实验表明，功力会随练功时间的积累而日趋深厚，练功者体内潜力激发与功法练习质量成正比。故只有坚持练习者才能做到外气内收或内气外放，蓄积内气内劲，强体祛病，健康长寿。

所谓“一指禅”，就是按顺序、有规律、按时间、有节奏地扳动手指，且同时按动各个足趾，充分调动十二经脉的内气运行，促进经络疏通，使体内阴阳达到平衡。其中“一指”即“扳指操”，为手指扳动的指法特称。这套练习独具特色且极具关键意义，其以手指缓慢升降的运动为中介，通过手指训练而达到激发身体潜能的目的。

其中“禅”，原指安定止息排除杂念之意，但在内劲一指禅的练习过程中，不强调意守和入静，只是不固执于常理，而以源自自身的内气内劲升发，作为自我强健的便捷途径。或者说，“禅”在此是一种原态生命力的生发，树大根深，生生不息。“止动归止，止更弥动”；“莫逐有缘，勿住空忍”（引自僧璨《信心铭》）。所以，内劲一指禅的“禅”，特指一种安定训练环境中的“锻炼状态”，是一种自然而然的气劲“生发状态”。

处于这种“生发状态”中的人，其意念活动、呼吸运动以及血液循环等，都以其自然状态为主导，动静结合，阴阳平衡，遵循人体的气血运行规律，自动产生大脑皮质抑制作用，调动脏腑运行潜力（即“内劲”），再由内劲产生真气，以培植元气。如《庄子》所说：“至人用心若镜，不将不迎，应而不藏。”真气即真元之气，由先天元气和后天元气结合而成。这种真气从足下产生，走行十二经脉，打通奇经八脉，气机进入血脉，深入脏腑，注入筋骨，形成内外气循环。依中医理论，它是维持人体生命活动最基本的物质。真气清静平淡，不断地补益脑髓，使大脑能量得到补充，内分泌协调而旺盛。功夫越深，对生理机能调节的效果就越好。所以传统中医视真气为“性命双修”所求之气，如《素问》曰：“恬淡虚无，真气从之；精神内守，病安从来？”

获得这种“禅”的劲气“生发状态”，基于一套特有的站桩功，即内劲一指禅练习中的各种站桩法。这些桩法以站立式为主，使躯干四肢保持一定姿势，而肌肉呈现出持续的静力性紧张状态，形成绝对运动与相对运动结合。内劲一指禅的静力性运动，既能促进血液循环，加快各个系统的新陈代谢，又能使中枢神经得到充分休息，以致思想集中，润泽全身。所以通过桩功训练达到意识自然集中、呼吸自由顺达、气力生发自在，然后以心定力，以意运气，以气催力，最终形成以内气为核心动力，以神经、内脏、骨骼、肌肉、筋腱、气血灵敏协调运动为基础，以身体动作为表现形式，以意、气、力内劲融合为手段，在不断的功法套路训练中发挥内在能量。

内劲一指禅由三套功法构成，历经数百年发展演变，其功法在漫长传承过程中不断去粗取精、去伪存真，形成了以下基本功能特征。

第一，强调桩架的正确性、到位性和引发性，务求虚实结合、动静结合、松紧结合。

第二，强调手指扳动功法的关键性、程序性和效果性。其要旨在于按顺序要求正确扳动十个手指，借此推动内气加速运行，不断达到平衡阴阳，提高内劲的目的。

第三，内劲自然生发、轻松简明、老少皆宜，在众多动养保健功法中最具大众性、便捷性和实用性。

内劲一指禅“内劲生发”与“培植元气”的理论既与吴门医派“元气存亡论”及“卫气营血论”一脉相承，又有自己推陈出新的精神。吴门医派徐大椿曾指出，元气就是真气，气在阳部分即阳气，气在阴部分即阴气，气在表层就是卫气，气在里层就是营气，在脾脏的气是充气，在胃部的气为胃气，在上焦的气是上气，在中焦的气是中气，在下焦的气是元阴和元阳之气。这些不同名称的气都是“元气”的各种变化。这些变化的出现是因为“元气”运行时途经人体不同部位和不同脏腑，所到之处都会加强这些部位与脏腑的运营力量。吴门医派叶天士认为，生命在不同阶段有不同的主宰，先天元气无形无质，在胎儿时已经成形；人身成形后，以后天脾胃气血为本，后天可助先天。在此基础上，内劲一指禅认为，静力性运动是对脏腑的有效锻炼，使淋巴细胞进一步增殖，增强免疫作用；练功者把身体重心放在涌泉穴上，促使足心毛细血管开放、充血代谢；站桩时间越长，毛细血管开放越多，下肢以及腹腔静脉血回流速度加快，循环系统功能加强；同时由于副交感神经相对兴奋，脏腑循环系统运转加快，身体发热出汗，唾液分泌增多，血管容积增大，细胞电泳现象增强。

经穴是经络、脏腑气血输注的地方，其开启与闭合运动原理，正应验了吴门医派气血在经脉中运行的盛衰变化理论。人体各个部位在大脑皮层里都有相应的机能定位，手指和脚趾首先就是大脑皮层的感受器。从经络学角度讲，人的手指联系着三阴三阳六条经脉；同样，人的足趾也联系着三阴三阳六条经脉。每条经脉都有井、荥、腧、经、合五种经穴，脉气正是从这里内行归合到脏腑。人的手指既是手三阳经脉的起点，又是手三阴经脉的终点；人的足趾既是足三阴经脉的终点，又是足三阳经脉的起点。通过这些内容足可以认识内劲一指禅手指扳动功法的生理原理和按序练习的医学根据。正所谓"能随境灭，境逐能沉；境由能境，能由境能"是也。按序扳动手指，就会引起相应经络的启动，可以充实、聚积内气，促进气血运行，内连脏腑，营养全身。凡是经过刻苦练功，练功者内气充足，便可"气满督自开"。此时扳动一手指同时按动一足趾，犹如按动生命开关，内劲活力自然生发。

内劲一指禅养生护生的长期实践证明，"站桩""扳指"协调呼吸、消化、内分泌以及循环系统运营，使各个系统在神经系统支配下达到和谐，使循环系统参与营养和氧气吸收，推动代谢物的运输和排泄。作为中华民族的优秀体育文化遗产，内劲一指禅具有文化传承创新与延年益寿的双重价值。该功法秉承了中国传统的阴阳学说和气血学说，体现了中国传统生命哲学和生命科学的文化特色。它与儒家心性修养观、佛教调息调身理念和道教吐纳导引法都是一脉相承的关系，同时又融汇吴门医派的中医生命观，在传承中形成了自身独特的功理和功法。它通过合理的肢体动作编排，结合动静交替的训练过程，从而调动人体内气和内劲。它动作柔和、速度平缓，且结合手指和脚趾交替升降的扳指运动，来协调内脏器官活动，改善身体内部循环。由此可见，通过内劲一指禅锻炼强化气血，使脏腑功能健壮和身体免疫力提高，从而促进阴阳平衡，必能获得健康、健美、长寿的效果。同时，内劲一指禅有明确的道德规范守则，强调身心双修，以良心善意为内气和内劲之源头活水，要求将功法练习与诚实善良的心理修养相统一，这些无不渗透着中华民族优秀道德和生命信仰。祝愿内劲一指禅迎着非物质文化遗产立项的东风，竖起理想的桅杆，扬起信仰的帆，勇敢登攀，奋力前进！祝福内劲一指禅功法焕发青春，再创辉煌！

国际健康健美长寿学会常务理事
苏州大学国学研究所所长/博导　余同元

2017年中秋节改于姑苏太湖营地

前言

“内劲一指禅”是我父亲阙阿水传承下来的上乘养生健身功法。我是这一功法的第十九代传人。“内劲一指禅”于2016年被正式列入苏州市相城区非物质文化遗产名录。

在中华大地上，阙姓并不多见，据说在《百家姓》排名中处于第359位，但分布较广。江苏、上海、浙江、安徽、广东、广西、湖南、湖北、河南、河北、福建、江西、陕西、重庆以及台湾地区，均有阙氏族人。阙氏先祖最早可追溯到夏朝，是大夫关龙逄的后裔。公元前550年，阙弁带领族人迁徙到鲁国曲阜县昌平阙里（今山东省曲阜县城内孔庙东侧阙里街），故阙弁为阙氏始祖，当时曾与孔子为邻（公元前549年孔母携三岁的孔子也到阙里定居）。

我们苏州阙氏，大概是随南宋中侍大夫阙礼南迁而来。苏州相城地区自古就有习武、好武的传统。有材料证明，早在吴越争霸时期，越国大夫范蠡为讨伐吴国，曾在苏州的相城开挖“蠡渎”，即如今的漕湖，并在漕湖操练船头战术。在越国操练水军的影响下，苏州相城一带便已出现“江南船拳”并流传于世。例如，在唐代，江南船拳是相城地区觉林寺庙会的表演内容。当时的拳师们为增加表演成分，特意将历史上的一些英雄人物的事迹编为拳歌，融入拳术表演的套路，从而逐渐演变为别具一格的“开口船拳”，亦称“开口船头拳”。这种拳法表演的要求是：一边按拳谱的套路打拳，一边还要用苏州方言开口唱拳歌。其音乐的旋律为江南小调且伴有昆曲的韵味。

正是在这样的环境影响下，久居相城的阙氏家族也逐渐开始习武。到我爷爷辈上，相城阙氏家族已成为地方上有名的习武世家。爷爷阙仁卿曾在上海一家大户人家担任保镖。后因家境贫寒，父亲阙阿水七岁时便在上海受剃度，并被寓居在上海慈云禅寺的南少林“内劲一指禅”第十七代传人杜顺彪纳为义子。

由于父亲从小就有武术的家学基础，加之本人聪颖、好学、有悟性，深得师父杜顺彪的喜欢，并同时得到“内劲一指禅”第十六代传人杜神彪、第十五代传人杜衍彪的抚育和指点。

“内劲一指禅”是出自南少林的养生健身功法，由第十八代传人、我的父亲阙阿水带到苏州。

我的父亲阙阿水，随师父杜顺彪法师刻苦练功18个寒暑，一切桩架、动作、功理，只一师单传，终于练就一身绝技真功。虽然佛门纪律严明，功法秘不外传，但是在师父杜顺彪圆寂前的一天晚上，师父还是向我父亲传授了“内劲一指禅”最后的独门绝技，包括“七阴白骨错骨手”“点棉球”“弹指”“珠砂阴掌”“阴经封经手”“抽元法”“定身法”等，且告诉我父亲此功法的全称为“少林内劲一指禅”，也称“内劲一指禅”。父亲是“内劲一指禅”的第十八代传人。他身怀绝技，但不事权贵，曾隐姓埋名30余年。

新中国成立后，父亲阙阿水还俗并在上海工作。尽管如此，他还是喜欢常回苏州相城老家，与亲朋乡邻一起切磋、交流功法技艺。如每年的农历三月二十八，相城当地都有举行比武大会的习俗。父亲不仅每年报名参赛，且时常胜出为擂主。当然，每次父亲从上海回来，除参加比武以外，更多的是用“内劲一指禅”功夫，免费为乡亲们治疗疾病，因而深受家乡人的爱戴。百姓甚至称其为“活神仙”。

中国传统文化的家族传承，有“传男不传女、传长不传次”的潜规则。由于我是阙家的长男，所以从小就被父亲要求跟他好好学习“内劲一指禅”功夫。记得从八岁那年起，我就开始在父亲的督促下练功。由于父亲在上海工作，而我生活在老家，所以父亲基本上是每月一次往返于苏州与上海之间。也有时是我去上海向父亲汇报自己学习功法的情况。早先，父亲每次见我，总要检查一下我当月练功是否有长进。他曾要求我必须将每天练功的情况写成日记，但随着我年龄的增大和对功法了解、认识的不断深入，练功的自觉性显然是增强了，所以后来父亲便不需要我再做汇报。但父亲曾对我说，对于我的练功情况，是否偷懒和有所长进，其实每次他一见到我就已知晓。所以尽管后来我并不定期向父亲汇报练功的进展情况，但父亲对我练功的实际进展掌握得一清二楚。

在父亲的严格教导下，经过20年刻苦锻炼，我终于掌握了“内劲一指禅”真功和部分绝技，并能独立为他人疗疾，成为“内劲一指禅”第十九代传人。从20世纪80年代开始，我已逐渐成长为国内气功养生界有影响的人物之一，曾先后在江苏、北京、辽宁、吉林、广东、广西、四川、重庆、河北、浙江、黑龙江等省市，举办过多期“内劲一指禅”讲习班，学员已遍布世界各地。现在，“内劲一指禅”功法，在日本、新加坡、马来西亚、英国、韩国、乌克兰、美国、西班牙、德国、朝鲜、加拿大以及中国台湾、中国香港等地，都有自己固定的活动人群。

所谓“内劲一指禅”，其“内劲”是指内力，即人体活动的内部潜能；“一指”是指指法的规律运动形式；“禅”是指较为安定的锻炼状态和训练环境。因此，“内劲一指禅”不能误解为是像海灯法师的“二指禅”功法，也不是像社会上传播的一些带有意念的气功。“内劲一指禅”就是一种人体在自然呼吸状态下所进行的有规律、科学的体育健身方式，是一种独特的养生保健功法。它和安徽亳州的五禽戏、河南陈家沟太极拳一样，是长期在民间流传的一种体育健身方法和运动形式。其健身原理是依据中国传统哲学的阴阳理论和经络学说，通过合理编排的肢体动作，结合动静交替的训练过程，更好地调动人体潜能，提高身体免疫力，以达到强身健体的效果。

如今，中国正走在通往社会主义现代化强国的大道上。在“健康中国2030”的愿景下，我感觉自己有很大的责任要将“内劲一指禅”这一传统的养生健身功法整理后献给社会，献给千千万万的普通大众。值此拙著出版之际，我要感谢苏州大学体育学院的罗时铭教授、张秋霞教授，为我们功法走向社会、走向大众所付出的许多卓有成效的劳动；感谢苏州大学国学研究所余同元教授百忙之中为拙著作序；感谢人民体育出版社和所有为“内劲一指禅”推广研究做出贡献的朋友们！

最后，祝愿有更多的朋友能够在练习“内劲一指禅”的过程中，享受快乐、享受健康、享受人生！

阙巧生

2018年1月16日

目录

第一章

内劲一指禅功法历史溯源

“内劲一指禅”是由福建省莆田市南少林秘传的一种兼有静功与动功特点的养生功法。它可以疏通经络，调整人的气血；它可以协调脏腑，促进精气神的合一；它可以平衡阴阳，强身祛病，延年益寿。“内劲一指禅”强调一切顺乎自然，练功时不用强调意念。严谨的结构、考究的桩架、分明的层次、合理的程序等，无不显示出该功法的完整、安全、实效且古朴的文化风貌。

第一节　传统养生保健功法概略

养生保健功法是中国特有的文化，是“不治已病治未病”的上医之道。早在原始社会末期出现的“消肿舞”，就是它的源头。《吕氏春秋·古乐》：“昔陶唐氏之始，阴多滞伏而湛积。水道壅塞，不行其原。民气郁阏而滞著，筋骨瑟缩不达。故作为舞以宣导之。”[1]这就是后世所说的“消肿舞”。在人类还缺乏医药知识的原始社会，人的健康维护只能依靠生命本体中潜能的发挥，而调动这种潜能的手段当然最初只能是人的自在的身体运动。所以《黄帝内经》说：“中央者，其地平以湿，天地所以生万物也众。其民食杂而不劳，故其病多痿厥寒热。其治宜导引、按蹻，故导引按蹻者，亦从中央出也。”[2]唐代医学家王冰曾在《素问》中注曰：“导引，谓摇筋骨，动支节。按，谓抑按皮肉。蹻，谓捷举手足。”可见，导引、按蹻很可能就是从“消肿舞”演变而来的最早养生保健功法。

养生保健功法的核心指向当然是运动养生。所以荀子说：“养备而动

[1] 吕不韦. 吕氏春秋·古乐［M］. 上海：上海古籍出版社，1989：43.

[2] 黄帝. 素问·异法方宜论［M］. 西安：陕西旅游出版社，2004：44.

时，则天不能病……养略而动罕，则天不能使之全。”[1]意思是说，人只要经常注意保养并能适时地运动，即使老天爷也不能使他生病。反之，如果一个人不注意保养而又很少运动的话，那么，即使老天爷也不能保证他健康。《吕氏春秋》：“流水不腐，户枢不蠹，动也。形气亦然。形不动则精不流，精不流则气郁。”[2]即由此在秦汉时期，出现了迄今为止我国最早的一部养生保健功法图谱——《马王堆导引图》。这是绘制在一幅缯帛后半段上的44个练习导引的动作图像，其造型均不一样。从形态和服饰来看，有男有女，有老有少；有的穿长袍，有的穿短裙、短裤，甚至有裸背的。图形都以黑色线条勾画轮廓，然后填以朱红或青灰带蓝色，除个别人像手持器物外，没有别的背景，应该是对当时养生保健功法的一种资料汇编。

到了三国时期，更有华佗创编的《五禽戏》问世。这是结合前人的养生经验，模仿动物形态创编的套路式养生保健功法，它开创了以套路为形式的中国导引养生的先河。华佗创编的《五禽戏》主要是用来活动人体筋骨、血脉，帮助消化吸收，以达到增强体质、预防和治疗疾病的目的，其设计比较科学。例如，虎戏是模仿虎的前肢扑动，借以锻炼前肢（上肢）的运动。鹿戏是模仿鹿的伸转头颈，借以锻炼头部肌肉群的头颈运动。熊戏是模仿熊的侧卧动作，借以锻炼躯干部分的侧屈运动。猿戏是模仿猿的脚尖纵跳，以锻炼下肢的运动。鸟戏是模仿鸟的展翅飞翔，以锻炼上肢关节和胸部肌肉，帮助呼吸的运动。将五者连贯起来，正好是一套动静结合、刚柔相间的导引功法，其与当下所流行的健身体操运动，可谓异曲同工。

两晋南北朝时，葛洪对养生保健功法的创编，仍然坚持了仿生的路线。如《抱朴子·杂应》篇记有很多以动物特征命名的导引术势。诸如熊经、鸟伸、龙导、龙引、龟咽、燕飞、蛇屈、猿据、兔惊等。但到了隋唐时期，养

[1] 荀子·天论［M］. 北京：中华书局，1988：307-308.

[2] 吕不韦. 吕氏春秋·季春［M］. 上海：上海古籍出版社，1989，27.

生保健功法的发展出现了显著变化并被大量地引入医学范畴。其中的杰出代表：一是《巢氏宣导法》；一是《摄养枕中方》。《巢氏宣导法》由隋朝大业年间的太医博士巢元方（公元550—630年）所编，基本上可分为两大类：一类是用于健身的，一类是用于治病的。其动作特点是常常将行气、导引、按摩三者结合在一起进行，并有一定的姿势要求。其中，关于导引治病的具体方法有370多条，对各种疾病所运用的功法都作了详细说明，成了一部实用性很强的养生保健功法专著。《摄养枕中方》是唐代大医学家孙思邈的著作，介绍有许多具体的功法，如“卧起，平气正坐，先叉手掩项，目向南视，上使项与手争，为之三四。使人精和，血脉流通，风气不入，行之不病。又屈动身体四极，反张侧掣，宣摇百关，为之各三。”[1]功法主要用于自我保健。又如“正东坐，收手抱心，一人于前，据摄其双膝，一人后捧其头，徐牵。令偃卧，头倒地。三起三卧，久久效。”[2]功法可以治疗腰腿疼。

宋元时期最著名的养生保健功法是八段锦和陈希夷坐功。八段锦，实际是由八节徒手动作组成的体操。它可以活动人体的各个部位，其结构连贯，动作简便，故深受人民群众的欢迎，在我国民间流传甚广。“仰手上举所以治三焦；左肝右肺如射雕。东西单托所以安其脾胃；返而复顾所以理其伤劳。大小朝天所以通五脏；咽津补气左右挑其手。摆鲜之尾所以祛心疾；左右攀足所以治其腰。”[3]这段八段锦的练习要求是立式姿势进行，因而也称“武八段”。宋代还流传一种“文八段”，练习时采用坐式的姿势进行。陈希夷坐功，又称十二月坐功，为北宋道教养生家陈希夷所创编。陈希夷，名抟，字图南，自号扶摇子。曾隐居华山，宋太宗赐号“希夷先生”。著作

[1] 罗时铭. 养生史话 [M]. 北京：社会科学文献出版社，2012：106.

[2] 罗时铭. 养生史话 [M]. 北京：社会科学文献出版社，2012：106.

[3] 罗时铭. 养生史话 [M]. 北京：社会科学文献出版社，2012：139.

有《无极图》《先天图》和《指玄篇》等。陈抟创编的十二月坐功，是一种坐式导引法，分二十四势，按二十四个节气进行。其主要的动作有按膝、捶背、伸展四肢、转身扭颈等。每势作毕，都要加上叩齿、吐纳、漱咽。每一势都注明所能治疗的病症。

到了明清时期，中国的养生保健功法呈现出百花齐放的局面，其中尤以易筋经和太极拳为代表。“易筋经”始见于明天启四年的一种手抄本，清道光三年后有了刻印本。清人来章氏辑本和潘霨的《内功图说》中，均载有“易筋经”图文。所谓“易”，是改变的意思；“筋”是筋骨肌肉；“经”是方法。可见“易筋经”的字面解释就是改变筋骨肌肉的方法，也就是锻炼身体的方法。

举世闻名的“太极拳”，是由河南省温县陈家沟的陈卜于明洪武年间创编的。据陈鑫《太极拳谱图说》：“明洪武七年，始祖讳卜，耕读之余，而以阴阳开合、运转周身者，教子孙以消化饮食之法。理根太极，故名曰太极拳。”太极拳是糅合拳术、导引术与行气术为一体的养生保健功法。太极拳发展到清朝末期，已形成了陈式（陈王廷）、杨式（杨澄甫）、吴式（吴鉴泉）、武式（武禹襄）、孙式（孙禄堂）等多种流派。这些流派中，在手法（掤、捋、挤、按、采、挒、肘、靠等）、步法（前进、后退、左顾、右盼、中定等），以及套路和推手等方面基本一致，但在架式和劲力上，各派有不同的特点。如陈式太极拳，有新架、老架之分；新架又有大架、小架之别。杨式太极拳，以大架式为主，舒展大方，轻灵沉着。武式、孙式太极拳，以小架为主，小巧紧凑，身法较低。吴式太极拳则熔大架小架为一炉，自成一家。然而，无论是哪一派的太极拳，其特点都是动作柔和、缓慢、贯串圆活。练习时均要求思想集中，精神专一，呼吸和动作配合，做到深、长、匀、静。因而太极拳对促进中枢神经系统的活动，改善内脏器官的机能，均有良好的作用。所以，自它创编之日起，就广为流传，深受我国人民以及世界各国人民的欢迎。

第二节 内劲一指禅功法的产生与发展

所谓“内劲一指禅”，其“内劲”，是指内力，即人体活动的内部潜能。“一指”是指指法的规律运动形式；“禅”是指较为安定的锻炼状态和训练环境。因此，“内劲一指禅”不能误解为是像海灯法师的“二指禅”功法，也不是像社会上传播的一些带有意念的气功。“内劲一指禅”就是一种人体在自然呼吸状态下所进行的有规律、有秩序的体育健身方式，是一种独特的养生保健功法。它与安徽省亳州市的五禽戏、河南省陈家沟太极拳一样，是长期在民间流传的一种体育健身方法和运动形式。其健身原理是依据中国传统哲学的阴阳理论和经络学说，通过合理的肢体动作编排，结合动静交替的训练过程，从而调动人体潜能，提高身体免疫力，以达到强身健体的效果。因而它于2016年被苏州市相城区正式列为非物质文化遗产项目，以便进行保护与传承。

关于“内劲一指禅”的最早产生，应该与“禅”相关，因而有传说与印度高僧菩提达摩有关。北魏孝明帝孝昌三年（527年），传说印度高僧达摩曾来到少林寺并面壁九年，传授佛教的禅宗。他发现不少弟子禅坐时间久了，昏昏欲睡，精神不振。为了驱倦、防兽、健身、护寺，达摩等人仿效古人锻炼身体的各种动作，编成健身活动的“活身法”，据说此即为“少林拳”雏形。此外，达摩在空暇时间，还常用铲、棍、剑、杖等练几手防盗护身的动作，被后人称为达摩铲、达摩杖、达摩剑。他还吸取多种动物的飞翔、腾跃动作丰富“活身法”，从而创造了动静结合的罗汉十八手。内劲一指禅据说也由印度高僧菩提达摩在河南省嵩山少林寺所创，后随着战乱形势的变化和部分少林寺僧移居福建省莆田市少林寺，而传入南少林。

南朝宋末，菩提达摩由天竺来我国传授禅法，创立了佛教禅宗。北魏太和十九年（公元495年），孝文帝为便于其所赏识的印度僧人跋跎传教，下令建造寺庙。于是，在河南省登封县城西北13千米的少室山北麓五乳峰下的一片密林中建成少林寺。印度佛教高僧菩提达摩，于南朝宋末航海到达广州，又去北魏，于孝明帝孝昌三年（公元527年）到达洛阳。后到寺内传授佛教禅宗。因此，少林寺一时名声大振，成为禅宗的祖庭。《中国佛教史》记载，菩提达摩到达北魏，游览嵩山少林寺，在那里定居，独自进行禅定。传说达摩在此面壁打坐九年。后遇慧可授以《楞伽经》四卷。慧可承受了他的心法，于是禅宗得以流传。《旧唐书·方伎传》记载："昔后魏末，有僧达摩者，本天竺王子。以护国出家，入南海，得禅宗妙法。云自释迦相传，有衣钵为记，世相付授。达摩斋衣钵航海而来。至梁，诣武帝。帝问以有为之事，达摩不说。乃之魏，隐于嵩山少林寺，遇毒而卒。"[1]

佛教禅宗由达摩创立，传至慧可、僧璨、道信，至第五世弘忍门下，分为北方神秀的"渐悟说"与南方慧能的"顿悟说"两宗：有"南能北秀"之称。但是，后世最盛行的是南宗顿悟说一派。达摩的"单提向上，直指人心，见性成佛"，主张不立文字，只求悟，因而避免了摘章引句的弊端。禅宗兴起之后，用通俗简易的修持方法，取代其他各宗的烦琐义学，流行日渐广泛，对宋朝与明朝的理学有一定的影响。

慧能门下有南岳怀让、青原行思两系。后来，南岳系下分为沩仰、临济两派；青原系下分为曹洞、云门、法眼三派，世称五家。在临济下又有黄龙、杨歧两派。合成"五家七宗"。南宋以来，最盛行的只有临济、曹洞两派，并且流传到日本。其余各派先后衰落。

[1] 旧唐书·方伎传[M]. 北京：中华书局，1975：5109.

南宋初，禅宗曹洞宗禅师宏智正觉（公元1091—1157年）提倡默照禅。这是一种禅定修行方法，以禅坐方式进行。针对当时禅宗界的“文字禅”“口头禅”之风，力图除弊端，重振宗风。正觉禅师继承和发扬了曹洞宗的“重坐禅及细密柔和”的传统，与宗杲所提倡的看话禅（看，见之意；话，公案之意。即专就一则古人之话头，历久真实参究终于获得开悟，此种禅风称为看话禅）对立，风格迥然不同。默照禅对当时与后世的影响较大。默照禅的默，不特别注意局部或局部的状况，不受身体、环境以及心理的状况困扰，保持清明的心，知道自己的身体在打坐，这是“默”；照，晓得身体在打坐，清楚知道身体及周遭环境的状况，也觉察到心里所产生的杂念妄想，这是“照”。默照修行有四个调心的层次。一为收心，舍下过去境及未来境，是“默”；缘现在境是“照”。二为摄心，不跟杂念、妄想、瞌睡缠斗是“默”；把心用在方法上是“照”。三为安心，平稳安定是“默”；清楚知道是“照”。四为无心，放下一切攀缘心，既不执妄境也不求真境，如常人一般生活。从安心而至无心，是持续用功，不断地放舍诸相，一直到了无心可安亦无相可舍的状况。在这过程之中，收心的层次要舍过去、未来；摄心的层次要舍杂念、妄想；安心的层次要舍身心环境正在发生的状况；无心的层次要舍妄、舍真，不执有无两边，也不着中间。“默照”与慧能门下玄觉禅师的《永嘉集》所强调的坐禅之要“寂明”语义相同，其实就是达摩所修的“壁观”一类。

少林寺也是少林派拳术的发源地。唐代以后，僧徒常习武艺。于是形成拳术的一个流派，世称少林派。明代农业和手工业的迅速发展，推动着科学技术与文化的长足进步，因此国家繁荣昌盛。隔海相望的日本，一些封建大名、武士、浪人，以及商人组成海盗集团，被称为“倭寇”。在嘉靖三十二年（公元1553年），大规模入侵中国，掠夺人民的财产，无恶不作。全国人民同仇敌忾，保卫国土，保卫家园。少林僧兵在抗倭卫国战争中英勇杀敌，驱逐倭寇，曾立下汗马功劳。“明朝东南倭寇作乱，总制胡宗宪亦用少林僧兵。”[1]后来清兵入关、推翻明政权建立清王朝，少林僧兵在反清复明的战争中，曾作出过牺牲。因此，清王朝视少林僧人为敌。南下福建的少林僧人在莆田建寺，虽几经洗劫，仍保存了自己。

从以上传说和背景基本可以肯定：“内劲一指禅”确实源于佛门功夫，而且，极有可能是由北少林而传入南少林的。由于战争连绵不断，促使少林伤科的创立和发展。少林伤科在明清伤科学派中成为特有的独立的一派——少林寺派。

南少林寺位于福建省莆田市荔城区西天尾镇九莲山林山村。九莲山中有座林泉院，始建于南朝陈永定元年（公元557年），是少林寺十座分寺中较早创建的分寺之一。因为规模宏大（占地约三万平方米），武风鼎盛，影响南中国，故称之为南少林寺。由于南少林清代被毁的缘故，所以“内劲一指禅”功法的始祖，只知道是南少林的一个和尚，已无法对其进行详考。但从传承下来的内容及其形式分析，其起源时间可能是明末但应晚于河南省陈家沟的太极拳。这是因为其动作编排中明显有对太极拳文化的吸收，如呈弧式状态的运行路线、胸前和两侧的球状模拟手法等，均带有太极拳文化的痕迹。由此也可以推断，“内劲一指禅”是由北少林而传入南少林的。

此外，从传承人的已有代数来看，也大致可以佐证上面的基本推断。因为现在能够肯定的是，苏州市浒墅镇的阙阿水，是其第十八代传人。以此进行粗略的推算，“内劲一指禅”创立应该距今已有近400年的时间，由此可以知道，“内劲一指禅”的起源时间当是在明末清初。这一时期，也正是中国古代导引养生文化发展的一个高峰时期。例如，高濂整理的《遵生八笺》，周履靖整理的《夷门广牍·赤凤髓》，万后贤整理的《贮香小品》，王文禄

[1] 无谷，等. 少林寺资料集［M］. 北京：北京书目文献出版社，1982：102.

整理的《胎息铭》，胡文焕整理的《养生保养法》，冷谦整理的《修龄要旨》，柳华阳整理的《金仙证论》，沈金鳌整理的《杂病源流犀烛》，罗洪先整理的《万寿仙书》，颜伟整理的《方仙延年法》，潘伟如整理的《内功图说》等，都是影响较大的养生著作。“内劲一指禅”应该就是在这样的文化背景下，成了佛门弟子的一门养生保健功法，并由北少林走进南少林，最后走向了民间。

第三节　苏州阙氏家族的贡献

“内劲一指禅”是出自南少林的养生健身功法，由第十八代传人阙阿水带到苏州。阙阿水自幼随父习武，因家境贫寒，阙阿水七岁在上海受剃度，被寓居在上海慈云禅寺的南少林“内劲一指禅”第十七代传人杜顺彪纳为义子。由于阙阿水从小就有武术的家学基础，加之聪颖、好学、有悟性，深得杜顺彪的喜欢，并同时得到第十六代传人杜神彪和第十五代传人杜衍彪的抚育与指点。

阙阿水跟随师父杜顺彪法师，经过十八个寒暑的刻苦努力，练就一身绝技真功。佛门纪律严明，功法秘不外传。一切桩架、动作、功理，只“一师单传”，唯靠悟性。但是，在师父杜顺彪圆寂前的一天晚上，在后花园的荷塘边，师父向阙阿水传授了绝技；并且点出此功法的名称为“少林内劲一指禅”，也称内劲一指禅。进而把内劲一指禅的“七阴白骨错骨手”“点棉球”“弹指”“珠砂阴掌”“阴经封经手”“抽元法”“定身法”等绝技一并传给了他，使其成为第十八代传人。

1949年后，阙阿水还俗并在上海工作。尽管如此，他还是喜欢常回苏州相城老家，和亲朋乡邻一起切磋、交流功法技艺，并免费为乡亲们治疗疾病，因而深受家乡人的爱戴。百姓甚至称其为“活神仙”。在相城当地，每年农历三月二十八有举行比武大会的习俗，阙阿水不仅每年参加，且时常胜出为擂主。

在上海市黄浦区清洁站工作的岁月里，阙阿水觉悟不断提高，他终于勇敢地废除了“功法秘不外传”的禁令，冲出“佛门”，开门纳徒，向社会大众传授少林内劲一指禅，挽救了濒临失传的功法，因此受到地方党和人民政府的高度评价和热情赞誉。

1978年，阙阿水同上海科技工作者林雅谷[1]同志合作，在我国首次用科学仪器研究气功机理，用“远红外遥感测试仪”测出了手掌劳宫穴放出的外气，被确认为“红外线电磁波”。从而打破了对气功的“气”的神秘感，揭示了“气”具有物质的本质属性，为气功研究史揭开了新的一页。

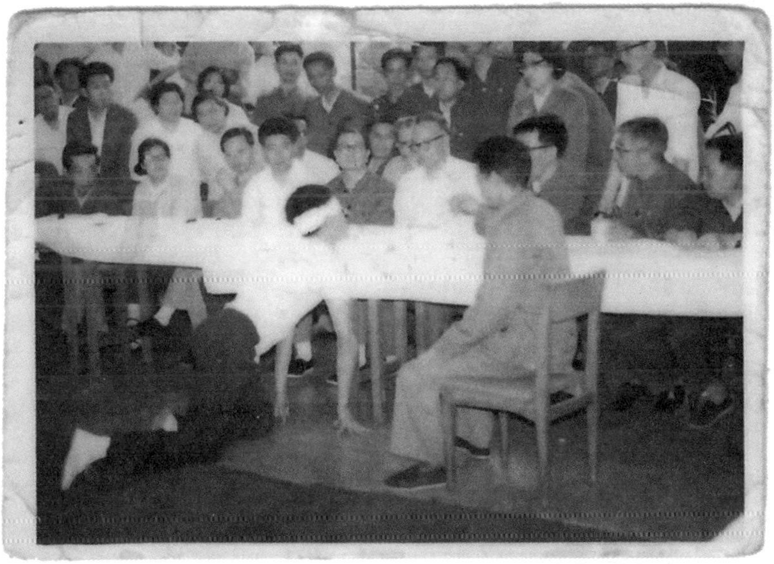

1982年4月阙阿水在上海中医学院导引实验现场（前右一）

[1] 林雅谷，原上海气功研究所顾问、原理一室主任，中华全国医学气功科学研究会副理事长，上海市医学会医学气功委员会会长，世界医学气功会理事。

研究发现，气功的“气”是人体内产生的一种超常生理特异效应。任何人只要经过专门的刻苦锻炼，都可以产生这种特异效应。但是由于人的体质的不同，其效应会出现某种差异。

气功的“气”对光辐射有控制作用，并且控制自身的红外线电磁波辐射强度及其在体表的分布。内气发放是物质的空间传递，并不是神话。1980年，《中国大百科年鉴》刊载了阙阿水所练内劲一指禅气功的“气”的实验成果，使内劲一指禅功法研究载入了中国科技文化史册。

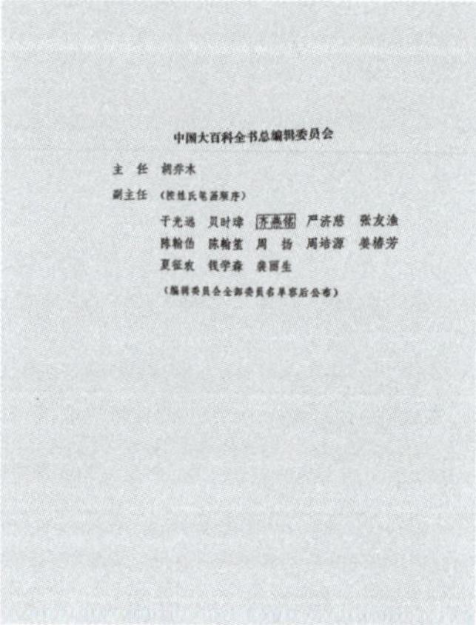

中国大百科全书总编辑委员会

主　任　胡乔木

副主任　（按姓氏笔画顺序）

于光远　贝时璋　齐燕铭　严济慈　张友渔
陈翰伯　陈翰笙　周　扬　周培源　姜椿芳
夏征农　钱学森　裴丽生

（编辑委员会全部委员名单容后公布）

1980年《中国百科年鉴》收入阙阿水关于气的研究成果

20世纪80年代初，阙阿水的“内劲一指禅”得到了当时国家体育运动委员会（现国家体育总局）的高度重视。1982年4月，国家体委专门在上海杨浦工人体育馆举办了一次全国“内劲一指禅”学习班。当时由国家体委焦国瑞负责摄像，到现场观摩的有时任国家体委主任李梦华。此后陆续有时任卫生部国家中医局局长吕炳奎等，对“内劲一指禅”进行观摩和考察。

国家体委当时曾有意邀请阙阿水训练国家队运动员，但由于阙阿水本身的文化水平限制，加之其坚守师门不得随意对外传播的原则，拒绝了邀请，从而使“内劲一指禅”错过了一次很好的发展机会。

后来，随着改革开放的不断深入，阙阿水逐渐认识到不能将这一文化遗产理解为私有财富，应让它更多地发挥社会效应，为更多人的健康服务，所以开始开门授徒。除自己的儿子阙巧生以外，他还收纳了林厚生、黄仁忠、王瑞亭、邱春根、胡吉甫、张金发等人为徒。这批人现分布在国内外各地，已成为传播和推广“内劲一指禅”的骨干力量。

阙阿水大师于1982年6月11日不幸逝世。此后其子阙巧生承家学而成为“内劲一指禅”的第十九代传人。

2011年12月17日阙巧生（左）与山东中医院博导黄乃健教授交流内劲一指禅功法

阙巧生自幼随父习武，学习“内劲一指禅”功法，经多年的刻苦锻炼终于掌握了“内劲一指禅”的真功及部分绝技，成为气功养生界颇有影响的人物之一。他不仅很好地继承了该功法的主要理论与实践，而且在社会上广泛传播，先后举办了数十届“内劲一指禅”功法学习班。上海、江苏、黑龙江、辽宁、重庆等地网络、报纸、电台、电视台以及中央电视台，曾多次对其进行报道和专访。

2013年2月阙巧生被邀请做客央视网华人会客厅

他撰写的《少林内劲一指禅》和《罗汉神功》等，在社会上广泛流传。

2003年9月阙巧生被邀请至新加坡授课

“内劲一指禅”是较为独特的一种养生保健功法，现主要在国内长三角和港台地区，以及东南亚、日本、西班牙、英国、德国、法国等地传播。苏州市相城区渭塘镇是其传承流布的中心和原点。随着“内劲一指禅”被正式列入苏州市相城区非物质文化遗产名录，“内劲一指禅”的新一代传承人阙晨立、阙莉萍等也在茁壮成长，他们秉承大众认同、大众参与、大众分享的理念向社会推出了多种公益活动，希望在全民健身活动中让更多的人能够从中受益。

第二章

内劲一指禅功法理论阐述

“内劲一指禅”是无需意守的内气功。通过由浅入深而相互贯通的特定桩架的训练，使练功人自然产生内气。这种内气与自然界的清气融为一体，构成循环。所以“内劲一指禅”强调内劲。所谓内劲，是指人体活动的内部能量。这种能量既是蕴藏在人体内的某种潜力，具有一定的量度，可以通过合理的功法训练将其激发出来，以提高生命活动的质量。这种能量也是生命活动的物质基础，因为心理学实验表明：人的智力或实际所表现的能力，主要是由遗传所决定的能量按固定速度显现。所以能量测试，可以预定智力或能力将来发展的限度。练功人“体内潜力”的激发，与功法练习的质量成正比例关系。功力随练功时间的积累而日趋深厚。所以坚持练习“内劲一指禅”的人，不仅能够外气内收，蓄积内劲，健身祛病，而且能够内气外放，为患者导引祛病。所谓一指，是扳指功法的每一手指指法的特称。具体地说，就是指练功中的一套特殊而关键、系统而规律地扳动手指，并相应按动足趾的功法。所谓禅，是梵语安定、止息杂念的意思。但是，练习“内劲一指禅”却不需意守，不需入静，然同样会产生大脑皮质的抑制作用，这就是它的突出特点和与众不同。

“内劲一指禅”属于补阳的功法。古人认为，天为一，地为二，人为三。三者共同存在于宇宙之间，而人的生存却要依赖着天时、地利。所以练功人要充分利用大自然之气为自己的生存服务。“内劲一指禅”以“三”为基数练功，正是运用着天、地、人三者为一体。《老子》说：“道生一，一生二，二生三，三生万物。”根据“三生万物”的原理，《素问·六节脏象论》说：“三而成天，三而成地，三而成人。三而三之，合则为九”。古人认为：九数为阳，六数为阴。即《易经》中的阳爻为九，阴爻为六。如果练功人作为补阳之用，在练功中的动作就要习练九次；如果练功人作为补阴之用，在练功中的动作就要习练六次。“内劲一指禅”功法以三为基数，每个桩架的动作都反复九次，因而“内劲一指禅”属于补阳功法。

第一节　内劲一指禅功法原理

一、功理的独创性

“内劲一指禅”亦称“少林内劲一指禅”，由佛教所创，福建省莆田市南少林传出此功，因此具有一定的宗教色彩。但在功理的意念支配即在指导练功人自身活动的意识行为方面，却别开生面。体现着佛家的“可一无所守，心住虚空”的主张，形成了不同于意守派气功而别具一格的气功养生理论。

内劲一指禅使处于气功态中的人的意念活动、消化吸收、呼吸运动以及血液、淋巴循环等都以其自然状态为主导，遵循人体的气血运行规律。例如，第一，消化、呼吸等系统的活动不是孤立进行的，而是在神经系统的支配下互相配合、密切联系的。同时，循环系统参与了营养物质和氧气的吸收和转运，代谢产物的运输和排泄。第二，人体的经络长短不一，每条经脉所分布的穴位多少不等，内气在体内的运行强弱不匀，并且人体的内气随着季节而变化。第三，练功人通常并不熟悉经络运行的路线，如果用意念去引领内气，就会出现盲目现象而导致种种异常感觉的产生，甚至走火入魔。很显然，在气功态中，气机在不停地、有节律地沿着经络路线运行，强化自身。只有通过功法调动而不是靠主观意志支配经气，才能使经气自然升降，自然出入，不受任何戒律的束缚，既不出偏，又不失控。

由此可见，这是一种老少皆宜，体质强弱者都能够接受的养生功法。内劲一指禅调动脏腑的潜力，由内劲产生强有力的真气，这种真气从足下产生，走行十二经脉，打通奇经八脉，气机进入血脉，深入脏腑，注入筋骨。所以，真气是逐渐贯通机体的。内劲一指禅在气功态中，可以听音乐、看电视、谈话、思考问题，竟也产生超意识的功效，即得气快、气感强，形成内外气的循环。当发放外气为他人治病的时候，能够取用不尽。可见其内劲的蓄积量是巨大的。

内劲一指禅的桩架正确，自然放松，呼吸匀细，思想轻松，因而，易为大众接受并喜爱。但需要强调的是，练功者在习练过程中必须刻苦努力、循序渐进、持之以恒，这样才可能真正领会并掌握功法的要领与精髓。

在这里我们为阙阿水大师的胆略而惊叹。这位智者勇敢巧妙地把武术界练腰腿功力的马步站桩及其他桩架运用到气功养生上来，而且摆脱了意守入静的传统观念，发展成为独树一帜的少林内劲一指禅。这一创举，实在难能可贵！

二、功法的静力性

内劲一指禅的功力是通过贯穿功法始终的马步站桩练就的，所以内劲一指禅的静力性运动占据着主导地位。

站桩功的站桩是武术界锻炼腰腿的基础功夫。马步站桩是站桩功的一种。马步站桩以站式为主，使躯干、四肢保持一定的姿势，而肌肉呈现出持续的静力性紧张状态，以致思想集中，形成了绝对运动与相对运动的结合。这就是内劲一指禅的静力性运动。它既能促进血液循环，增强各个系统的新陈代谢，又能使中枢神经得到充分休息，全身润泽，生机旺盛。

内劲一指禅的马步站桩的屈膝姿势使得骨骼肌保持持久性地节律性舒缩

运动，这种舒缩运动起到一个“肌肉泵”的作用，即可挤压下肢静脉血流，使回心血液增多，对维持正常心排血量，促进血液循环起到一个良性循环作用。另外，人体处于安静状态时，肌肉中只有一小部分毛细血管扩张，而在站桩时，大量闭塞的血管就要开放，同时，由于练功人把身体的重心放在涌泉穴上，促使足心毛细血管的开放、充血以及改善代谢活动，站桩时间越长，毛细血管就开放越多，下肢以及腹腔静脉血回流心脏加快，增强了循环系统的功能。由于副交感神经相对兴奋，脏腑兴奋度的加强，循环系统运转的加快，使身体发热出汗，唾液分泌增多，血管容积增大，细胞电泳增高，所以神清气爽、心情舒畅、精力充沛、工作效率提高。同时，横膈肌升降幅度加大，引起腹肌收缩，刺激肠壁，胃肠蠕动增加，消化功能得以增强，食欲得以提高，肠内产气杆菌的繁殖旺盛，使容物发酵所产生的气体比较多，不断地从肛门排出体外。

因此，练功人食欲渐增、大便通畅、头脑清醒、精力旺盛。在静力性站桩状态所出现的是肌肉收缩时发生的一系列生物电。例如，麻感、电感是由内气作用所产生的现象。人体之所以能增加能量，增加物质，改善功能，是由体内产生粒子流运动的结果。静力性运动调动起运动、呼吸、消化、内分泌以及循环系统等，各个系统是在神经系统的支配下协同活动的。必须强调的是，循环系统参与营养物质和氧气的吸收和转运，代谢产物的运输和排泄。所谓循环系统，既包括血液循环系统又包括淋巴循环系统。循环系统为人重视，不予赘述，但淋巴系统却被遗忘了，有讨论的必要。

组织液的一部分渗入毛细淋巴管中，形成淋巴液。流经各级淋巴管（途经淋巴结），最后汇流到总淋巴管，再进入静脉。这种淋巴运行，叫淋巴循环。脾是最大的淋巴器官，它能产生某种白细胞（如淋巴细胞）。脾内含有大量的巨噬细胞，能吞噬异物。通过淋巴循环，可以调节血浆和组织液之间的平衡，可以把少量由毛细血管渗出的蛋白质运回血液。淋巴流经淋巴结时，淋巴结里存在的具有吞噬作用的细胞，能把侵入人体的病菌吞掉，对人体有保护作用，这就是人们所说的人体的一种保护性反应，即免疫。它不仅包括抵抗感染的内容，而且包括抗肿瘤、抗异体（另一机体）或自身物质所产生的有利或不利反应。祖国医学认为，心气在上如火，肾气在下如水，肝气在左如木，肺气在右如金。人体的内气需要水火相济，金木交并。脾气居中如土。

人体的脾气毫无偏向、毫不停顿地运化内气，使人体的内气畅通无阻地互相交流。脾气不受其他气体的干扰，并能把其他各种气体转化输送出去；使之相互资生、利用及制约。因此，阴气得到平和，阳气得以秘固。从而使指挥和维持生命活动的“神”和“精”处于安定的正常状态。内劲一指禅的静力性运动是对内脏的锻炼，是对脾脏的锻炼，使淋巴细胞增殖，产生良好的免疫作用。

人体内支配骨骼肌运动的神经，叫躯体运动神经或躯体传出神经。支配内脏和血管的平滑肌、心肌以及腺体等的传出神经，叫植物性神经。植物性神经主要调节内脏器官的活动，实现物质代谢、生长繁殖等机能。植物性神经的较高级中枢在丘脑下部。丘脑是感觉的较高级神经中枢。它与端脑、脑干和脊髓相联系，实现内脏的反射活动。人体的植物性神经的功能，都同躯体的骨骼肌和感官活动紧密关联着。骨骼肌的运动，依赖血液循环的良性供应，使其收缩活动持久。植物性神经系统与躯体的功能，在大脑皮层的控制下，互相联系发挥作用。如果大脑皮层出现优势兴奋灶，就可以控制整个机体，如果植物性神经出现优势兴奋灶，大脑皮层就形成劣势兴奋，于是大脑对植物性神经就会失去控制。所以，内劲一指禅的静力性运动是由植物性神经出现的优势兴奋灶控制大脑皮层，使其处于既不兴奋又不抑制即半入静状态；在不意守、不入静的气功态中，使人获得意想不到的功效。通过静力性运动吸纳外气，滋补脏腑，舒筋活血，强壮体骨，冲破病灶；且可以发放外气为他人调经络、通关节，治病健身。

三、桩架的正确性

内劲一指禅是通过特定的桩架锻炼通往健身祛病、延年益寿的理想境界的。桩架即姿势，是练功的第一关。它本身就具有一定的治疗作用。桩架是打开关窍和疏通经络的重要方式，所以必须严格遵守内劲一指禅功法关于桩架的规定。

桩架如果正确会使练功人获得预期的功效；相反，桩架出现错误便会使之受到惩罚。桩架的正确或错误，直接影响着人体的血液（淋巴）循环和新陈代谢以及神经系统的种种变化。所以要认真摆好姿势，学好动作，不要简化，不能马虎，不可粗心大意。在练功时，对姿势与动作的起落、高低、轻重、虚实，要分辨；对举动、部位、手法、方向、次数、神态、用意及呼吸，要记清。在练功过程中，举动要灵活自然，不僵硬，不呆板。

桩架必须松静、舒适、正确。桩架的关键在于松，而松的实质是求静，总之是循经导气。松静站立，舒适正确，这是基本功。因此，强调气功态中的桩架必须始终保持正确，才能达到气功锻炼的目的。反之，就会出偏以至失去练功的信心，弃而不学。练功人通过桩架吸收营养，排除浊气，培植元气。所以，桩架是练内劲、通经络、出真功的桥梁，是关键。

例如，“马步站桩”如果不是沉肩坠肘，而是耸肩抬肘；不是含胸拔背，而是压胸弓背；如投影超过足尖，即使锻炼时间再长，仍然达不到健身祛病的目的。例如，“罗汉出掌”的立掌，指尖不得超过或与双目齐平，与此相反，便会昏沉欲倒。“马步站桩”要目视前方，如果双目闭合，可能会昏迷不支。

桩架以练四肢为本，动则九窍五脏，练则阴阳五行，走通十二经脉，疏通奇经八脉。当十二经脉气血充盈时，就分散到奇经八脉储存起来；当十二经脉内气不足时，奇经八脉的内气又流向十二经脉。十二经脉如同河渠，奇经八脉犹如湖泊。所以真气在体内通行无阻，脏腑得以强健。桩架的正确性能体现出内劲一指禅功法的虚实结合、动静结合、松紧结合的实质。上虚下实是引气血下注，调整人体的阴阳。动静结合是练身养脑，松紧结合是调节气机、开合升降，气足神宁。在练功中通过桩架把虚实、动静、松紧运用到功法之中。

人的自然外形是立体长方形。桩架的外形求方不求圆，最佳的桩架是方形，马步站桩是最佳的桩架，所以贯穿内劲一指禅功法的始终。

桩架正确能清除阻碍，使气血通畅，濡养脏腑，可谓“气随桩动”。于是气导血行，即“气为血帅”，气同时受心神的支配，即“神为气帅”。桩架与气血的关系是密切相关的。如果练功完毕感到身体轻松舒适，说明练功中桩架是正确的。如果任何部位稍感不适，就要纠正桩架，使之正确，提高功效。

由上可归结到以下关键两点：第一，桩架必须正确；第二，动作必须到位。

四、扳指的严格性

扳指（手指扳动功法），就是有规律、按顺序，有节奏、按时间地扳动手指，且同时按动相应足趾的功法。这套功法独具特色且极为关键。

人体各部位在大脑皮层都有相应的机能定位，当然在手上也有其代表区。换句话说，手指是大脑皮层的感受器。从经络学角度讲，人的手联系着三阴三阳六条经脉。同样，人的足也联系着三阴三阳六条经脉。每条经脉都有井、荥、腧、经、合五种经穴，叫“五腧穴”。脉气从这里内行，归合到脏腑。人的手指既是手三阴经脉的终点，又是手三阳经脉的起点。人的足趾既是足三阴经脉的终点，又是足三阳经脉的起点。从这里可以认识到：祖国医学的经脉的阴阳关系，就是内劲一指禅手指扳动功法的原理的确定和顺序安排的理论根据。扳动某一指，就会引起相应经络的启动，可以充实、聚积内气，促进气血运行，内连脏腑，营养全身。《灵枢・海论》篇说："十二经脉者，内属于脏腑，外络于肢节。"从人的大脑皮层显示的资讯来看，手的神经反射区，在大脑皮层上所占的面积最大。大脑有许多细胞专门处理手指、手心、手背、腕关节的感觉和运动信息。

手指扳动功法有两种，即先阴后阳法与先阳后阴法。第一种扳动手指同时按动足趾的顺序如下：首先是手太阴肺经的大拇指，手厥阴心包经的中指，手少阴心经的小指；其次是手阳明大肠经的食指，手少阳三焦经的无名指。第二种扳动手指同时按动足趾的顺序如下：首先是手阳明大肠经的食指，手少阳三焦经的无名指；其次是手太阴肺经的大拇指，手少阴心经的小指，手厥阴心包经的中指。

内劲一指禅通过有规律、按顺序，有节奏、按时间地扳动十手指同时按动十足趾，进一步调动十二经脉的内气运行，促进经络疏通，使体内的阴阳达到平衡。如果扳指出现随意性，就会打乱经络内的气血正常运行，破坏内气的循环规律，以致出现身体某一部位的不适，甚至发生病变而与健身目的背道而驰。

经过一个阶段的刻苦练功之后，练功人蓄积了大量的潜能，"达到气满督自开""升冲解带"的程度，此时扳动一指同时按动足趾，犹如按动开关，使全身充满"电流"，可谓"一点通"了。

五、动作的引发性

动作的引发性，不仅包括经穴接触时的互相引导诱发，互为感应，而且包括经穴的开启与闭合。经穴，是经络、脏腑气血输注的地方，存在着开启与闭合现象。这种现象吻合了气血在经脉中运行时的盛衰变化。练功中经穴的接触，引发内气流转，使练功人产生舒适感，自不待说。但是，开启与闭合经穴也称之为引发。古人用阳光照射人体一定部位以治疗疾病的方法，就是通过紫外线刺激以开启经穴。所谓经穴的开启，是指在气血流注某经的旺盛时期而导致的经穴机能的增强。当气血流注过经后，经脉气血转弱，经穴则会闭合，脏气、脉气活动随之也处于较弱状态。因此一般说，当经穴被闭合时，气血运行舒缓，出现滞塞现象，但一经开启，气血便会活跃，便会旺盛，这种现象叫“不塞不流”。所以，开启与闭合经穴也是引发。

有节律的肢体的屈伸、仰俯、转动，可以促进全身气血的流畅，各部分关节的灵活和筋骨的强健，从而增强体质。不同的动作，对身体不同部位的锻炼，又可增强局部的机能，进而调节内脏的功能。

内劲一指禅功法动作的引发性，可结合“罗汉出掌”加以说明。

这个桩架中的左右手掌与背部，分别沿平行着的左右前臂内、外侧前后移动，使左右手三阴三阳经脉与腧穴轻微接触，能起到导引作用。在桩架正确、动作到位的前提下，就左、右手移动的路线所接触的腧穴、次序，从经络学的意义上作初步的探讨。

阳池穴是手少阳三焦经的原穴，它调理三焦、消热、舒筋。外关穴是手少阳三焦经的络穴，别走手厥阴心包经，又是八脉交会穴之一，与阳维脉相通。它疏风解表、消热、通经活络。支沟穴是手少阳三焦经的经穴，它泻三焦盛火、顺气行滞、活络祛瘀。这三个经穴分别同对侧手上的内外劳宫穴轻微接触，热气相接，产生引发效应，有利于清热疏风，通经活络。

间使穴是手厥阴心包经的经穴，是治疗精神病的十三穴之一。它安神宁心、清热祛痰。内关穴是手厥阴心包经的络穴，别走手少阳三焦经，又与阴维脉相通，为八脉交会八穴之一。它宁心安神，宽胸开郁，调和脾胃。大陵穴是手厥阴心包经的腧穴，又是原穴，是治疗精神病十三穴之一。它宁心安神，清热降逆。这三个经穴同本经的劳宫穴反复接触，经穴间发散的热气相接，可以镇静，健脾胃。

尺泽穴是手太阴肺经的合穴，因为它属水，所以又是本经的子穴。它善泻本经的一切实邪，更长于止血、开痰、定喘以及具有疏筋的功能。列缺穴是手太阴肺经络穴，别走手阳明大肠经，与任脉之气相通，是奇经八脉交会八穴之一。它疏通经络、宣肺、行气、止痛。太渊穴是手太阴肺经原穴，八会穴中的脉会。因为肺朝百脉，而太渊穴的位置恰是十二经脉气的总会合处，五脏六腑气血循环的起止点，所以它具有调整脉搏的功能，并有理肺止痰的作用。这三个经穴与外劳宫穴接触，有利于呼吸通畅，疏经活络。

曲池穴是手阳明大肠经的合穴，它的作用是舒筋利节，行气活血；是治疗上肢疾患的要穴之一。偏历穴是手阳明大肠经的络穴，别走手太阴肺经，它具有通调水道、利水、消肿的作用，是治疗水肿、鼓肿、鼓胀的要穴。合谷穴是手阳明大肠经原穴，四总要穴之一。它清热散风，发表托邪，疏经活络，止病安神。它的治疗范围相当广泛。这三个经穴与外劳宫穴多次接触，有助于呼吸的通畅和气血的运行。

少海穴是手少阴心经的合穴，它宁心、行气，是治疗心悸手颤的首选要穴。这个经穴与外劳宫穴相接触，有利于安神、宁心、舒筋活络。

小海穴是手太阳小肠经的合穴，具有祛风、舒经活络的功能。这个经穴同外劳宫穴接触，有利于散岚化瘀、呼吸通畅。

“罗汉出掌”的手掌移动位置与手掌反复动作、使手上的电磁场变更方向或者移动位置，产生经络之间发放外气的感应现象，是大脑皮层信号传入传出的反应。

总之，“内劲一指禅”的健身原理是通过合理的肢体动作编排，结合动静交替的训练过程，从而调动人体潜能，以达到强身健体的效果。其在动作编排上，强调结构严谨、程序合理；在训练要求上，强调桩架考究、层次分明；在动静结合上，强调肌肉的时紧时松，松紧有度；在训练节奏上，强调呼吸自然、动作随意。其基本内容主要为三套功法：

第一套功法：由五个桩架组成，即罗汉推掌、掌心开合、罗汉出掌、罗汉戏球、手指扳动功法（一）等。既可以从始至终一气呵成，也可以选择其中一个桩架在马步站桩30分钟后锻炼，一个月后再换其他桩架。

第二套功法：包括弓步桩、虚步桩、丁字托塔、一字桩、童子拜佛，以及手指扳动功法（二）六个桩架。此套功法增加了一定难度与强度，在经络的开合、内劲的蓄积、功力的增长上，更具特色。考究的桩架、合理的程序，使人在练功时身心处于最佳状态。

第三套功法：包括罗汉弓步推掌、虎形桩、蛇形桩、龙形桩、童子拜观音、顶天立地、手指扳动功法（三），以及禅坐。这套功法难度加大，其功力向更高层次发展。无论从足、腿、腰功的坚实程度，还是从内劲蓄积等方面，第三套功法都进入了一个新的阶段。这套功法使人足实、腿健、腰固、内劲充实、取用有余，因而精力更加充沛，但需习练者刻苦练习才能求得功力的长进。

第二节　内劲一指禅功法特点与价值

一、“内劲一指禅”功法特点

“内劲一指禅”功法是在数百年先辈功法的基础上发展、演变而形成。在传承的过程中，其传人不断去粗取精，去伪存真，逐渐成为武林界推崇的上乘功法。其特征表现如下：

第一，练习方法独特。练习时不需入静，不强调意守，是在自然呼吸的状态下进行动作的练习，男女老少皆宜。“内劲一指禅”是以内劲生气，调动内脏潜力，不允许用意念导引内气或意守体内某一部位。如果意守，容易打乱内气运行规律，而不意守可以保证内气的自然升降出入。

第二，辩证统一的理论。“内劲一指禅”功法的实质在于虚实结合、动静结合、松紧结合。如“马步站桩”讲究沉肩坠肘，压胸弓背，且膝关节投影不能超过足尖。

第三，强调手指扳动功法，这是“内劲一指禅”功法的关键和特色所在。其要旨在于，按要求顺序正确扳动十个手指，借此推动内气的加速运行，不断达到平衡阴阳，提高内劲，有强身健体、延年益寿的功效。

第四，强调桩架的正确性和规范性。桩架即姿势，是内劲一指禅练功中的第一关，可打开关窍、疏通经络。

第五，强调动作的引发性。动作的引发性，也包括经穴的开启与闭合。当经穴被闭合时，气血运行舒缓，出现滞塞现象；但一经开启，气血便会活跃、旺盛。练功中经穴的接触，引发内气流转，使练功人产生舒适感。有节律的肢体屈伸、仰俯、转动，可以促进全身气血的流畅，各部分关节的灵活和筋骨的强健，从而增强体质。不同的动作，对身体不同部位的锻炼，又可增强局部的机能，进而调节内脏的功能。

二、“内劲一指禅”功法价值

第一，“内劲一指禅”具有健身价值。“内劲一指禅”可以强身固体，延年益寿。如动作柔和、速度缓慢，且结合手指交替升降的秩序运动（即扳指）来达到改善内脏器官的目的。“内劲一指禅”可以帮助人体的微循环得以扩张，使血液能够流向各处，从而实现物质和能量的交换，改善身体内部的循环。通俗地讲，就是通过锻炼强化气血，使脏腑功能健壮，免疫力提高，从而促进阴阳平衡，获得强身健体的效果。

第二，“内劲一指禅”具有社会文化价值。该功法秉承了我国传统文化中的阴阳学说，体现了我国古代朴素的辩证唯物主义哲学思想。《素问·阴阳应象大论》：“阴阳者，天地之道也。万物之纲纪，变化之父母，生杀之本始，神明之府也。”就是说，阴阳是自然界的根本规律，万物的纲纪，一切生物生长、发展、变化的根源。所以《易·系辞上》说：“一阴一阳之谓道。”认为世界是在两种对抗的物质势力（阴阳）运动的推移之下孳生和发展的。“内劲一指禅”是在阴阳学说指导下而创编的一种补阳功法。它与道教的吐纳导引、佛教的调息调身理念有着一脉相承的密切关系。同时，又在历代的传承中形成了独特的功理和功法，不强调意守和入静，却又在严谨而系统的功法中体现着意守、入静，使机体潜能不断被激发。

第三，“内劲一指禅”具有教育价值。“内劲一指禅”作为中国传统武术文化的一员，主要与五禽戏、太极拳、八段锦等相类似，是一种较为柔和的体育健身运动，也更符合中国的传统文化精神。所以它具有行为文化和观念文化的双重特性，能够促进人的心理和精神健康，树立环保理念以及濡养民族精神。其修炼过程中的道德要求也比较明确，如要求诚实做人、慈悲为怀、去恶从善等，均渗透着佛家所倡导的积极伦理道德。

总之，“内劲一指禅”的练习对象是所有人群，它是一种较为柔和的体育健身运动形式，与五禽戏、太极拳等较为类似，但又有自己的特点。主要表现为：第一，练习过程中强调自然呼吸，不需要入静、不需要有意念，甚至可以一边看电视一边练习动作。第二，练习过程中，有对肌肉时而紧张、时而放松的要求，通过肌肉的松紧交替，提高练习效果。第三，练习过程中，以手指缓慢地升降运动形式为中介，以通过手指训练而达到增强内部器官功能的目的，从而激发身体潜能。

第三节 内劲一指禅练功原则

“不以规矩不能成方圆”，所以练功离不开原则。掌握一定的原则，练功人可以消除在练功中可能产生的疑虑，有利于提高练功的质量，并且能帮练功者沿着正确的轨道顺利前进，取得预期功效。

一、松静自然原则

松静自然是指练功的过程中，必须强调在身体放松和情绪安定的条件下进行；避免紧张，保持安静。松静会使大脑皮层处于一种“特殊的保护性抑制状态”，可以发挥人们自身固有的大脑皮层对内脏的调整和修复的功能。

松会使练功中的某些紧张状态消除，使松紧趋于平衡。在练功过程中，要不断地解除病理与心理以及生理上的紧张状态，以便消除因疾病与体质所促成的情绪上的不良反应，使自己处于一种轻松舒适状态，体现出放松的过程。静功摆姿势、调息、都应该避免紧张；如果挺胸耸肩，架臂凸臀，或者一势到底，以致练功后身体疲劳；这一切都是练功不得要领所出现的姿势上的紧张。相反，含胸沉肩，松腰松胯，适应变换姿势，就是掌握了姿势上的轻松。内劲一指禅所强调的呼吸自然，有意识地形成某种呼吸状态，同样是掌握了呼吸上的轻松。

内劲一指禅在练功过程中能比较容易地掌握思想情绪的内松与把握形体的外松；因为内劲一指禅一切顺应自然本身就是强调放松，强调按照人的自然状态去运用功法。静即指练功过程中要保持情绪的安宁，也指练功中的一种体会。静是相对的。内劲一指禅在热闹中取得安静，可以安定内在环境。松能促进静，静中体会松。

二、动静结合原则

静功可以锻炼头脑，动功可以锻炼肢体。动静相兼可以使胆汁的分泌加强，增进消化功能。这就是说，在练功中强调静功与动功要密切结合，不断地增强体质。静力性功法的马步站桩，对提高内气的质量、使身体日益健康方面，确实有特殊的作用。弓步桩可以侧重打通某条经脉，使气血畅行，提高身体素质。在练功中，要从马步站桩功法中掌握动功的一面，即掌握内动，机体在积蓄内劲，同样，要从弓步桩的动功中掌握静功的一面。在形成弓步桩之后，有一定时间的停顿，这就是静功。在顺其自然状态中，使动静结合。

三、练养相兼原则

在练内劲一指禅功法中摆姿势，调呼吸，就是苦练的状态；在练功中所出现的身体轻松舒适，呼吸柔和，绵绵若存，就是出于静养状态。例如马步站桩的开始与中间以及结束，就存在着两种状态。

练功中，松与紧，动与静，养与练，都不能截然分开，它们是相辅相成的。要练中有养，掌握分寸，不可用意过重；要养中有练，可以适当地延长养的时间，提高练功的质量。一般地说，练功中动功是练，静功是养。

假如能把练功与日常的养生与养病结合在一起，将会发挥练与养更大的促进作用。

四、意气相依原则

练功中，意和气是相互依存、不分主次的。意是指在练功中关于意念的运用；气是指呼吸的气以及练功中的某些感觉。相依是指二者的关系不分主次而互相依存。

呼吸的深长细匀是在练功中情绪安宁的基础上渐渐出现的一种状态。经常说的“心平气和”“息调则心定，心定则心调”，其实就是意气相依，“心息相依”。这就是说，呼吸的深长细匀是不依人的主观愿望为转移的。

在练功中所产生的各种感觉，要任其自然，并且要适当掌握。如果出现多样的感觉并且影响练功时，要渐渐收功，不可拖延时间。

五、准确灵活原则

动功中的肢体动作一定要正确。武术界有句老话：“教拳容易改拳难。”因此要认真学好每一个动作，不可马虎草率，不能粗心大意，并且不能简化应付，增加随意性，如“弓步桩”“虚步桩”等。练习者对动作的起落、部位、移数、用意必须分辨清楚。至于灵活，是在练功中的动作不僵硬、不板滞，举动灵活。就是说，在练功中使肩、肘、腕、胯、膝、踝六大关节活动自如，促进血液循环。如果姿势僵滞，会引起疲劳。所以在练功中一定要体现出灵活性。

六、循序渐进原则

在短期内，可以学会一些内劲一指禅的基本功法，但是要使功夫“出神入化”，就要经过一个较长的甚至是艰苦的锻炼过程。一般人在练功中往往会出现下述情况：第一，急于求成，桩架练得多而且动作猛烈；第二，松懈散漫，放任自流。这两种偏向都是练功中的障碍。因此，一方面强调练功人发挥主观能动作用，在功夫日渐长进中，克服放任自流、一曝十寒的思想，例如马步站桩，刚刚站一次，由于怕吃苦，便浅尝辄止，岂不可惜？其中，要强调按照客观规律坚持练功，循序渐进，克服急于求成的急躁情绪。例如，从头至尾把内劲一指禅完整地练一遍，时间长，强度大，收功之后，疲劳不堪。其问题在于过分追求功力过人，所以应引起注意。

总之，每个练习内劲一指禅功法的人，在练功中都要从自身的实际出发，认真领会各桩架的不同作用，以及敏感性，不断地总结经验，提高自己的功力。善于克服客观上的某些困难，比如时间、环境等，力求在功夫上不断进步，在体质上不断增强；在主观上，克服一些思想障碍，如见异思迁，追求“高级功夫”等，力求自己学功有成。

第三章

内劲一指禅功法实践练习

第一节　内劲一指禅功法初级练习

内劲一指禅功法实践练习中的初级，除起势和收势外，实际由五个主体架构组成，即罗汉推掌、掌心开合、罗汉出掌、罗汉戏球、手指扳动功法（一）。这五个桩架，可以从始至终一气呵成，也可以选择其中的某一个桩架在马步站桩30分钟后锻炼，一个月后再换桩架。否则，欲速则不达。

无论练习哪套内劲一指禅功法，均有准备活动和结束放松活动。准备活动包括“调息”和“三环聚气”；结束放松活动，称收势。

一、准备活动

调息

（一）调息

【起势】

身体直立，全身放松，两脚分开略宽于肩，两掌放在体侧，掌心向下，十指向前（图1），用鼻徐徐吸气。同时两掌缓慢抬起，高与肩平，拇指相对（图2）；此时徐徐呼气，并且两掌随呼气缓慢沿体侧用内劲下压；同时脚跟渐渐抬起，重心在脚掌上，脚趾用力抓地（图3），两掌压至两胯侧，两脚跟落地，全身放松，两掌放在体侧，直立3秒钟。

如此一呼一吸为1次，共做9次。

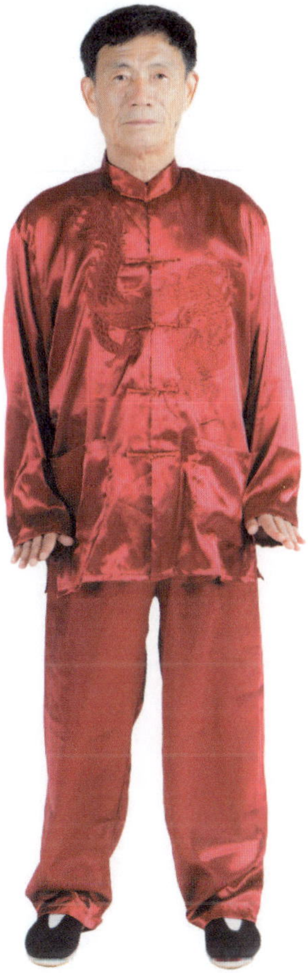

图 1

【要领】

吸气时，要深、细、匀、长，小腹外凸；呼气时，要全身用暗劲。

图 2

图 3

【功理与作用】

肺是气体交换的脏器。通过调息锻炼能加强肺脏的气体交换，促进肺的功能；吸纳天地的精气，吐出脏腑的浊气。坚持调息锻炼，能促进新陈代谢，增加肺活量，对呼吸系统的疾病，能起到良好的疗效。

（二）三环聚气

三环聚气

【姿势】

身体直立，全身放松。左脚向左跨出一大步，两掌缓慢提起，拇指与食指两两相对如桃状，掌心对准神阙穴，距10厘米。两腿缓慢下蹲，呈高位大马步桩（图4）。呈右弓步，重心在右腿上，左腿蹬直；上身右转90°，掌心向内，掌距30厘米。左手在下，位于髀关穴；右手在上，位于膻中穴（图5）。向左转体180°，左手从下向内、向上划弧，右手从上向内、向下划弧，左手在上，右手在下，掌心相对。掌距及其位置同前（图6）。

两掌随身体左右转动，上下交替，围绕丹田划弧1次，共做27次。

图 4

图 5

图 6

【要领】

头正直，目前视，腰似蛇行，脚如生根，全身放松。肩、肘、腕、胯、膝、踝要随身体前后左右转动。人体的躯干、上肢和下肢等三部各有三节，即梢节、中节和根节。梢节要活，中节要柔，根节要稳。梢节是发放外气的关口，一定要灵活；中节柔软，使气血畅通，以达根节。根节是梢节和中节的基础，所以根节要稳。但是要稳而不僵。所以我们说，“梢节起，中节随，根节追。”总之，必须放松自然，协调一致，使气血畅行全身，九窍皆开，窍窍相通。

【功理与作用】

（1）活六关，即肩、肘、腕、胯、膝、踝，促使气血流通，炼丹聚气。对关节炎、肩周炎、腰酸背痛等疾病有良好的医疗作用。

（2）开九窍（注）、练内五行（即五脏）及丹田。丹田被历来的养生家和武术家所重视，认为丹田是滋养全身的重要部位："呼吸出入系乎此，阴阳开合存乎此，元火能使身体皆温，元水能使脏腑皆润，关系全身性命。此中一线不绝，则生气一线不亡。"祖国医学阴阳五行论认为，丹田是中央戊己土，是九窍中的根窍。此窍通五脏六腑、十二经、十五络。丹田的中心正当冲脉与带脉的交叉点，是男子精室、女子胞室的所在。"丹田是气海，能销吞百病。"通过腰肢各部关节有节奏地旋转，两手松紧交替的划环，不仅能使关节灵活协调，气血充盈流畅，而且能提高神经系统的兴奋度。所以三环聚气能促进气血贯通，元气相汇聚，达到利关节、壮骨骼，培元、生气、养神。

注：人体各部有三节，每节有三窍。上肢手为梢节，劳宫穴为梢窍；肘为中节，曲池穴为中窍；肩为根节，肩井穴为根窍。下肢脚为梢节，涌泉穴为梢窍；膝为中节，阳陵泉为中窍；髋为根节，环跳穴为根窍；躯干头为梢节，印堂穴为梢窍；胸为中节，膻中穴为中窍；腹为根节，神阙穴为根窍。

二、马步站桩

马步站桩是内劲一指禅的筑基功。它通过特定的桩架，加速经气运行，使周身经络畅通，气血调和，阴阳平衡。所以马步站桩是关键功法。

马步站桩

【姿势】

（1）身体直立，全身放松，两眼向前平视，嘴微闭。

（2）两脚分开略宽于肩，使外侧平行，脚尖在同一条直线上。

（3）两臂自然下垂，掌心向内，呼吸自然，静立1分钟（图7）。

图 7

图 8

【功法】

（1）掌心相对，以上臂带动前臂，由体侧缓慢抬起，高与肩平，略停（图8）。

（2）掌心向内，手指相对，缓慢内收至天突穴，两掌指距5厘米，略停（图9）。

图 9

图 10

（3）两臂略外展，以中指为准，掌指距10厘米，松腕下垂，缓慢下移，右掌心对应肝区，左掌心对应脾区，各距5厘米，停1分钟（图10）。

图 11

图 12

（4）坐腕立掌，向前缓缓推出；同时屈膝下蹲。当两臂伸直，推掌到位时，停止下蹲，两膝不超过脚尖（图11），掌心向下，两臂内收，如抚琴。拇指自然下垂，食指、中指、无名指和小指第二节略弯曲，依次排列成梯形，掌心如瓦状，至此完成马步站桩（图12）。

【要领】

（1）上虚下实，十趾轻轻抓地，两小腿略垂直于地面。

（2）屈膝下蹲时，大小腿夹角约为45°，两膝不超过脚尖。年老体弱的人，可站高位桩，大小腿夹角一般在30° 左右。

（3）含胸拔背，虚腋松腕，松腰松胯以及圆裆。

（4）沉肩坠肘，前臂平行且与地面平行。前臂与上臂夹角为110°~120°。

（5）拇指与食指呈鸭嘴状，中指在前臂的中心线上。

（6）身体的重心落在两脚的涌泉穴上。

【要求】

（1）桩架要正确，不要把别家的功法以及意念带入本功法，否则易出偏。

（2）站桩时间一般为30分钟。

（3）由于不能坚持而需要稍作休息时，上肢要保持原状。

【功理与作用】

马步站桩要求两脚平行，形成矩形支撑面，所以身体容易稳定。当人屈膝时，髂腰肌和腹直肌处于收缩状态，于是臀大肌和大腿后群肌肉相应收缩，促进了人体内的血液循环和新陈代谢，因此，增强了人体各器官的机能。圆裆能打开会阴穴，沟通任督二脉的气血。

松腰是放松的关键，松腰的基础是松胯与屈膝；松腰、松胯与屈膝是密切联系、相辅相成的。虚腋松腕的虚腋使上肢气血流通；松腕其实包括腕松、掌含和指拢三部分：腕松能使腕间的腧穴贯通臂、指；掌含与指拢要求自然伸屈，既不可僵直，也不可屈指；例如，大拇指与食指呈鸭嘴形，食指、中指、无名指与小指呈梯形，掌心如瓦状，保证了气的聚拢，不致散去。沉肩坠肘的沉肩可使肩、背、颈放松，坠肘似悬空，不会使肩肘沉重与死板。含胸拔背的含胸，既可使胸部开扩，又可使胸肌舒张；拔背会使脊骨直立中正。上虚下实，会引气血下注，改变人体内的“阳常不足，阴常有余”的不正常状态。

马步站桩培养与锻炼人的意志和自我控制的能力。

如果以健身祛病为目的，站桩的桩位应当以感觉舒适为宜，如果以提高功力为目的，就应当以最难于忍受为尺度了。

从整体综合考虑是内劲一指禅功法结构的出发点。它把宇宙和人看作一个不可分割的整体，所以人必须利用宇宙为我所用。

内劲一指禅运用静力性桩架锻炼机体，使人的精、气、神按照其自然规律与天地之气结为一体，而练就一种特殊的功能。百会穴与天气相接，涌泉穴与地气相通，形成天、人、地之气合一。于是周身经络疏通，气血调和，达到阴平阳秘。对腰腿疼痛、风湿症、类风湿症、神经系统与消化系统以及呼吸系统的病症，都有一定的治疗作用。

马步站桩对肝病的防治效果显著。研究表明，练功人站桩1小时后，每1立方毫米的血液中，红细胞比站桩前约增加1520000个，白细胞约增加3650个，血红蛋白约增加3.2克。很显然，马步站桩给人体各组织器官带来较多的氧气和养料，改善了血液循环和新陈代谢。如上海《新民晚报》1988年3月1日和11月27日两次报道，上海流行“甲肝”期间，检查万名“少林内劲一指禅”练功者，无一得“肝病”。肝脏是新陈代谢的总枢纽，具有制造和储藏营养物质，参加代谢，调节血量，解毒等作用。站桩能促使血液循环和代谢，加快适应血液循环的重新分配，有利于肝脏的代谢，调节血量、解毒功能。站桩要求提肛收腹，并自然形成腹式呼吸，这就对内脏起着按摩作用，从而增进食欲，提高消化功能，有利于改善肝脏机能。

由此可见，内劲一指禅具有强身健体、祛病延年的功效。此外，对肥胖症的人可以减轻体重。人们在进行一般性的体育锻炼时，所消耗的脂肪有限，但是那些所需时间较长的运动项目，如马拉松等，却消耗了大量的脂肪。据测试，马拉松运动员在比赛开始时脂肪供应量只占10%左右，但是到达终点前却可增加到90%左右，在较长时间的马步站桩中产生大量的热能，刺激新陈代谢，增加脂肪的氧化消耗。站桩的桩位越低，收腹越强，越能使下肢和腹部肌肉发达有力，使体重有节制地增减。

机体的浅部与深部组织都有血管和神经分布，调节气息与意念活动以及中枢神经系统，促进真气的贮存，经络的疏通，气血的调和，从而平衡自我的心理状态。心理状态直接影响着生理功能。人的心理活动导致自身生理功能失调就会疾病缠身；相反，积极乐观、开朗大方的心理状态，可以改变机体的病态。实践证明，马步站桩可以使练功人发生一系列变化。气功态中的脑电波变化是从额叶开始逐渐扩展到整个大脑皮层，有利于开发智力，提高记忆力。

三、罗汉推掌

罗汉推掌

【功法】

（1）马步站桩的同时（图13），两掌放松，掌心向下，缓慢内收，放在腰侧，不超过腹部，两掌与地面平行，拇指伸直略扣贴食指侧，余指伸直，屈腕，停30秒钟（图14）。

图 13

图 14

（2）两掌放松呈凹形，缓慢向前沿弧线推出，当腕与肩同高时，屈腕，拇指伸直略扣贴食指侧，余指伸直，立掌，如推山状。前臂与上臂夹角约为160°，停30秒钟（图15）。

（3）掌臂放松内收，两掌放在腰侧，掌心向下。余同本节“功法1”。

如此反复9次，恢复马步站桩。

图 15

【要领】

上身保持中正，目视前方。两掌放在腰侧时，腕、肘、肩收紧，夹臂靠向体侧，形成一种收紧的过程；向前推掌时，全身放松，腕、肘、肩形成一种放松的过程。所以“罗汉推掌”是松紧结合的功法。

【功理】

传统医学认为，经络是人体上下运行气血的通路，人体是由经络构成的一个有机整体。从子午流注理论上，我们认识到经络的开合影响着气血运行的盛衰。结合这一理论，我们来讨论“罗汉推掌”对手厥阴心包经气血运行的功能。

当夹臂屈腕两掌下压时，两腕收紧，使大陵穴与劳宫穴闭合，气血的运行衰退；当放松臂腕向前沿弧线推出时，使大陵穴与劳宫穴放开，气血的运行旺盛。手厥阴心包经的气血由胸会属于心包络，向下穿过横隔，络于三焦；沿胸内出肋部，到腋下天泉穴，沿上臂内侧走手太阴、手少阴之间进入肘中曲泽穴；下前臂，走两筋即桡侧屈腕肌腱与掌长肌腱的大陵穴，进入掌中劳宫穴，至末端的中冲穴，循环往复。经络开合引起气血盛衰的变化，刺激本经以及足少阴肾经、手少阳三焦经发生相应变化。运动生理学认为，刺激必须持续一定的时间、达到一定的强度，其强度并具备一定的变化率才能引起组织的兴奋。"罗汉推掌"功法的臂腕屈伸有一定的强度而且持续一定的时间，所以机体受到一定程度的锻炼。

从解剖学的角度考察经穴与经络通过功法锻炼在机体中对其功能的强化较为切实。我们仍以手厥阴心包经为例。天池穴在胸大肌和胸小肌中间，有胸腹壁静脉，胸外动、静脉分支。分布有胸前神经肌支及第四肋间神经。曲泽穴经肱二头肌腱尺侧达肱肌。有肱动、静脉，分布有正中神经本干。大陵穴在桡侧腕屈肌腱与掌长肌之间，有腕掌侧动、静脉网，分布有正中神经掌皮支、深层有正中神经本干。劳宫穴经第二、三指浅、深屈肌腱之间，第二蚯状肌、拇收肌横头的起端，达骨间肌。有指掌侧总动脉，分布有正中神经的第二指掌侧总神经。中冲穴有指掌侧固有动、静脉所形成的动、静脉网，分布有正中神经的指掌侧固有神经。我们从手厥阴心包经9个经穴中所列举的5个经穴的解剖，可以形成这样的认识：第一，每个经穴都与动、静脉以及神经相连接，由此推及手厥阴心包经以及人体的经络系统都与循环系统、神经系统相依相连。第二，所谓疏通经络就是使经络系统与循环及神经系统密切联系，相互协调，使机体适应内外界环境的变化，保证人体与外界环境的相对平衡。传统医学认为，"气为血帅，血随气行。"这就是说，气血充足会使人体的肌肉发达，神经健壮，从而体健人寿。

内劲一指禅通过以静为主、动静结合的功法对机体的气血、肌肉和神经的锻炼，其实是对细胞的生理机能的激应性如肌肉细胞的收缩，神经细胞的兴奋等机能的持续锻炼。在静力性锻炼中，全身的肌肉都被调动起来，所以肌肉的活动量很大，肌肉中的毛细管几乎全部放开，供给肌纤维更多的营养。肌肉分布着丰富的血管和神经，调节肌肉的营养、代谢和发育。经过长期的锻炼，肌纤维逐渐变粗，肌肉粗壮，收缩有力；经络畅通，潜能充实，便会出现无处不丹田的功力!

【附】手厥阴心包经生理解剖

① 天池：为手厥阴，是足少阳之会。

② 胸大肌、胸小肌中间，有胸腹壁静脉，胸外动、静脉分支，分布有胸前神经肌支及第四肋间神经。

③ 天泉：在肱二头肌的长短头之间，有肱动、静脉肌支，分布有臂内侧皮神经及肌皮神经。

④ 曲泽：本经合（土）穴。经肱二头肌腱尺侧，达肱肌，有肱动、静脉，分布有正中神经本干。

⑤ 郄门：本经郄穴。有前臂正中动、静脉，深层为前臂掌侧骨间动、静脉，分布有前臂内侧皮神经，深层有正中神经，最深层有前臂掌侧骨间神经。

⑥ 间使：本经经（金）穴。达于指浅屈肌及指深屈肌，有前臂正中动、静脉，深层为前臂掌侧骨间动、静脉。分布有前臂内侧皮神经，前臂外侧皮神经，正中神经掌皮支，最深层有前臂掌侧骨间神经。

⑦ 内关：本经络穴。经指浅深屈肌，达旋前方肌。有前臂正中动、静脉，深层为前臂掌侧骨间动、静脉。分布有前臂内侧皮神经，前臂外侧皮神经，正中神经掌皮支。最深层有前臂掌侧间神经。

⑧ 大陵：为本经腧（土）穴，原穴。桡侧腕层肌腱与掌长肌腱之间，有腕掌侧动、静脉网，分布有正中神经掌皮支，深层有正中神经本干。

⑨ 劳宫：为本经荥（火）穴。经第二、三指浅、深屈肌腱之间，第二蚓

状肌，拇收肌横头的起端，达于骨间肌，有指掌侧总动脉，分布有正中神经的第二指掌侧总神经。

⑩ 中冲：为本经井（木）穴。有指掌侧固有动、静脉所形成的动、静脉网，分布有正中神经之指掌侧固有神经。

四、掌心开合

掌心开合

【功法】

（1）马步站桩的同时（图16），两掌翻转，掌心相对，停1分钟（图17）。

图 16

图 17

（2）肘关节角度不变，前臂缓缓合拢，同时两掌指缓慢伸直且略紧。当两劳宫穴相距20厘米时，停10秒钟（图18）。

（3）指、腕、臂放松，上臂不动、前臂带动掌指缓慢外展，当两臂平行时，上臂带动前臂继续外展，掌心相对，约距80厘米，停10秒钟。

图 18

（4）上臂带动前臂内收，当两前臂平行时手指伸直且略紧，上臂不动，前臂继续内收，掌心相对，两掌相距20厘米时，停10秒钟。

如此反复开合9次，恢复马步站桩。

【要领】

两掌心始终相对。开合的速度要保持一致，缓缓外展，内收，以慢为佳，两掌内收与外展到前臂平行时，上臂不动，由前臂带动掌指内收与外展。内收时手指微微伸直，外展时则要放松。

【功理】

“掌心开合”在两掌臂反复运动、劳宫穴不等距“照应”过程中实现经气的引发与强化，促进气血洪盛，以增强内劲。

人体的一切运动都是肌肉收缩和舒张的结果。骨骼肌的运动是在人的意识支配下，通过神经系统的调节实现的。掌心开合则是由肩部肌肉、臂部肌肉、手部肌肉相配合进行的。桡动脉和尺动脉随着前臂的运送迅速地把血液中的营养物质运送到相应部位，而静脉却把血液运送回心脏。同时，伴行血管和神经的经络也会做相应的运动。掌心开合时，两掌犹如两块磁极相反的磁铁，难于开掌，难于合掌。可见两掌劳宫穴对经气的引发与强化作用，使两掌磁场不断增强。“马步站桩”练就的腿脚功底，“掌心开合”练出的臂掌磁场，使得“内劲一指禅”的特色可见一斑了。当然“掌心开合”在两掌产生的磁场，绝不是由于掌心开合的短暂运动取得的，而是“马步站桩”等的锻炼成果在“掌心开合”中的一种表现形式。但这不是说“掌心开合”是陪衬、无足轻重。恰恰相反，它对经气的引发与强化作用是不容忽视的。

经络学认为，心脏的外膜是心包，所附络脉是包络。它的功能是心的外卫，代心行事。《灵枢·邪客》说：“心者，五脏六腑之大主也，精神之所舍也……故诸邪之在于心者，皆在于心之包络。包络者，心主之脉也。”手厥阴经“属心包络”，手少阳经“散络心包”。手厥阴心包经的重要性在“内劲一指禅”的功法中得到充分体现。

五、罗汉出掌

罗汉出掌

【功法】

（1）马步站桩的同时，右掌在上，左掌在下，在体前交叉，掌距为5厘米；右掌劳宫穴对准左掌外劳宫穴，停10秒钟。

（2）左掌略前伸，使腕部的阳池穴置于右掌劳宫穴下。

（3）左掌外劳宫穴沿右前臂内侧中心线引发手阴经，缓慢移动至肘少海穴（图19）。

图 19

图 20

（4）翻左掌向上，使外劳宫穴对准右肘曲池穴（图20）。

（5）左掌外劳宫穴沿右前臂外侧中心线前移引发手阳经，直至两掌外劳宫穴相交（图21）。

图 21

图 22

（6）两掌同时翻转，使两掌劳宫穴相对，距5厘米，停10秒钟（图22）。

图 23

（7）左掌向体侧内收，放在腰侧，掌指向前，不超过腹部。掌心向下与地面平行，拇指扣贴食指侧，跷腕关闭左侧气路。左臂内夹，贴于体侧。右掌心向内，拇指高于嘴平，在体前正中线照应左缺盆穴，距体30厘米，停30秒钟（图23）。

（8）左掌臂放松，沿原路线出掌，右掌向左下方移动。两掌相交后，左掌继续上移；右掌沿左前臂下移，劳宫穴对准左肘，距离10厘米。左掌五指向上微并，掌心向右；拇指指向鼻尖与嘴同高，中指竖直，高不过眼睛，单手合十，停1分钟（图24）。

图 24

（9）左掌沿原路线返回，同时右掌由左肘沿前臂手阴经移动，至两掌左上右下相对，距5厘米，停10秒钟。

（10）换式：翻动右掌为俯掌，使两劳宫穴相对。

如此左右出掌为1次，共做3次。

【要领】

开始时，右掌在上，左掌在下，内外劳宫穴相对。左掌前伸沿右前臂中心线移动，要缓慢；至肘，沿肘内侧向上弧线翻掌，使外劳宫穴对准右肘曲池穴，沿右前臂向掌侧移动。当两手背相对时，略停，同时翻掌使劳宫穴相对。

内收左掌到腰侧时，紧扣与关闭劳宫穴，掌指不超过腹部，拇指内扣，腕、肘、肩要紧贴体侧。出掌时，全身放松，单手合十，中指不超过眼睛。

【功理】

在内劲一指禅功法（一）中的各桩架都是在加强锻炼手厥阴心包经。但有所不同的是，功法由简单到复杂，由掌臂分别锻炼到交会、交叉。“罗汉推掌”对手厥阴心包经，只是掌臂在体侧分别锻炼而且功法比较简单，但有一定的强度，其效应不可低估。

“罗汉出掌”的功法较“掌心开合”更为复杂，当两掌分别在对侧的前臂尺侧移动时，两掌的内外劳宫穴，在手厥阴心包经以及其他手阴经的经穴上，互相产生热感与气感；在桡侧的手少阳三焦经以及其他手阳经的经穴上，产生同样的效应。这种现象说明，经络已经疏通，气血已经畅流，一经全身（或他人）经穴的内气引发便会强化磁场，互相感应。从解剖学上看，前臂的肱桡肌、尺侧腕屈肌和屈指深肌，负载着经脉，滋养着经穴。掌臂的肌肉在“出掌”的过程中收缩，促使气血流速加快，流量加大。尺桡侧的动、静脉；正中神经、尺神经和桡神经与掌臂肌协调一致。通过“马步站桩”的静力性锻炼，全身气血充足，神经兴奋，调节肌肉的营养、代谢及发育。

从内外劳宫穴引发手三阴经和手三阳经，进一步考察经络的变化。①手三阴经包括：手太阴肺经，尺泽（合）、孔最（郄）、列缺（络）、经渠（经）、太渊（腧、原）、鱼际（荥）、少商（井）；手厥阴心包经,曲泽（合）、郄门（郄）、间使（经）、内关（络）、大陵（腧、原）、劳宫（荥）、中冲（井）；手少阴心经，少海（合）、灵道（经）、通里（络）、阴郄（郄）、神门（腧、原）、少府（荥）、少冲（井）。②手三阳经包括：手阳明大肠经，商阳（井）、二间（荥）、三间（腧）、合谷（原）、阳溪（经）、偏历（络）、温溜（郄）、曲池（合）；手少阳三焦经，关冲（井）、液门（荥）、中渚（腧）、阳池（原）、外关（络）、支沟（经）；手太阳小肠经，少泽（井）、前谷（荥）、后溪（腧）、腕骨（原）、阴谷（经）、养老（郄）、支正（络）、小海（合）。上列经穴，在“罗汉出掌”功法中都先后接触内外劳宫穴，这些经穴多数是五腧穴。所谓“五腧穴”，是指十二经脉在肘、膝关节以下的井、荥、腧、经、合五个特定穴，简称五腧。《难经·六十八难》说：“井主心下满，荥主身热，腧主体重节痛，经主喘咳寒热，合主逆气而泄。”五腧穴不仅能主治局部病变，而且能治疗远隔部位和有关脏腑的疾病。手三阴经和手三阳经的五腧穴同具有生清善降，理顺劳役气滞，开七情郁结，尤其善清肠膈之热。导火腑下行的劳宫穴相互引发，其功效是不言而喻的。但是上述经络的开合是有差别的。我们可以用正常体位的掌臂与气功态中的掌臂变化加以说明。在“罗汉出掌”功法中，把平举的掌臂做屈肘平举、把掌心向内做90° 下翻成俯掌，使前臂肱桡肌以及沿其走行的手阳明大肠经；前臂尺侧屈腕肌以及沿其走形的手少阴心经，二者受翻掌力产生的肌肉舒缩直接影响，所以手阳明大肠经与手少阴心经的气血旺盛。

六、罗汉戏球

罗汉戏球

【功法】

（1）马步站桩的同时（图25），两掌内收至体前：右掌在上，掌心向下，放在鸠尾穴处；左掌在下，掌心向上，放在神阙穴处。掌心相对，距20厘米，如抱球，停30秒钟（图26）。

图 25

图 26

（2）两掌按顺时针方向交换旋转3圈，再按逆时针方向旋转3圈。

（3）变横掌，指尖向前，掌心相对，距30厘米，停30秒钟；两掌如车轮交互向前顺时针方向旋转3圈，再向后逆时针旋转3圈（图27）。

上述戏球由右掌引领左掌旋转。

（4）两掌放在体前：左掌在上，掌心向下，在鸠尾穴处；右掌在下，掌心向上，在神阙穴处，如抱球，停30秒钟。按照先顺后逆的方向，分别旋转3圈。

图 27

（5）变横掌，掌心相对，距30厘米，停30秒钟。先顺后逆，分别旋转3圈。

上述“戏球”动作由左掌引领右掌旋转。

左右掌均戏球为1次，共做3次，然后恢复马步站桩。

【要领】

戏球时，手如抱一圆球，不要揉掉。先顺时针、后逆时针旋转。十指放松，掌距不变，沿掌外沿运行，不得超出掌侧，保持气的涵拢。

【功理】

“马步站桩”的静力性运动是以外静内动来练气、练意、练身，以产生潜能。“罗汉戏球”与“马步站桩”互为作用：静中生动，动以促静。“马步站桩”的屈膝呈现一种紧而板的态势；“罗汉戏球”的两臂反复伸屈却呈现一种松而活的状态。所以，“罗汉戏球”从始至终贯穿着动静结合、松紧结合、虚实结合的功法，并将其寓于“内劲一指禅”的其他桩架之中。

“罗汉戏球”是以两掌相对做戏球运动开始的。两掌上下相对，掌臂做前后、左右屈伸；两掌左右相对，掌臂做前后、上下屈伸。这一系列的运动，调动内气向两掌汇聚，向本经回归。松紧和谐，变化有致。“罗汉戏球”功法中的两臂运动的幅度较大，肌肉的收缩与舒张刺激着血管、神经和经络，所以使劳宫穴同它的手厥阴心包经，穴活经通，气血充实。仅就解剖学方面说明“罗汉戏球”功法的作用。上臂肌的屈伸，牵引着肩关节与肘关节。胸侧壁和臂上部之间，是胸壁和肌肉所围成的锥形腔隙——腋窝。腋窝里含有臂丛神经及其分支，腋动、静脉及其分支，腋淋巴结和大量的脂肪组织。肘关节前面的浅窝是肘窝。它里面从外侧向内侧有肱二头肌腱、肱动、静脉和正中神经通过。手厥阴心包经从胸侧天池穴起，沿腋窝至肩部天泉穴，走行肘窝曲泽穴，过腕中大陵穴，至劳宫、中冲穴。“罗汉戏球”既锻炼了掌臂的肌肉，又改善了循环，系统机能，从而增强了机体的抵抗力与免疫力。

七、手指扳动功法（一）

【功法】

马步站桩15或30分钟后，十指松直，掌心向下，取自然状态（图28）。

扳动某指时，要用轻意念缓慢扳动本节，使余指放松，不要牵动，而后意念离开手指，停30秒钟。

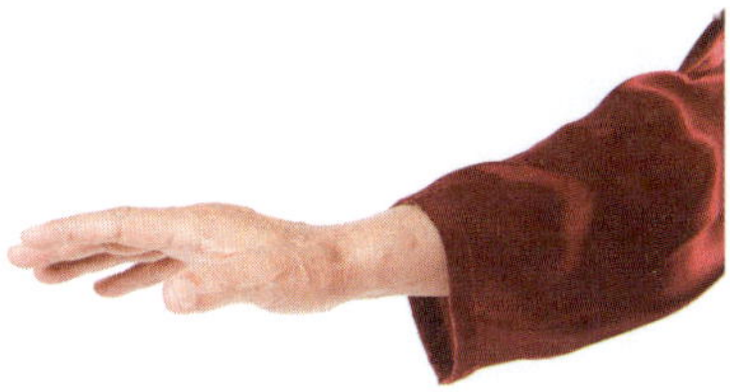

图 28

扳指步骤和时间以中指为例：①手指松直；②下扳中指10秒钟（图29）；③停顿30秒钟；④抬起时10秒钟；⑤放松复原10秒钟；⑥恢复梯形指（图30）。

扳指结束后，恢复马步站桩5分钟；收功。

手指扳动的顺序和次数：

第一，拇指1次；

第二，中指3次；

第三，小指5次；

第四，食指7次；

第五，无名指9次。

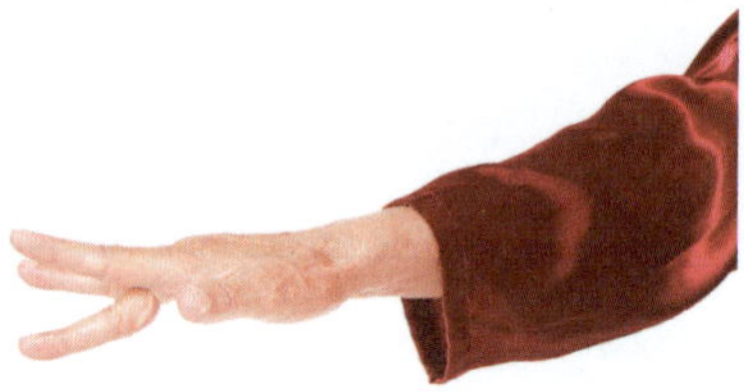

图 29

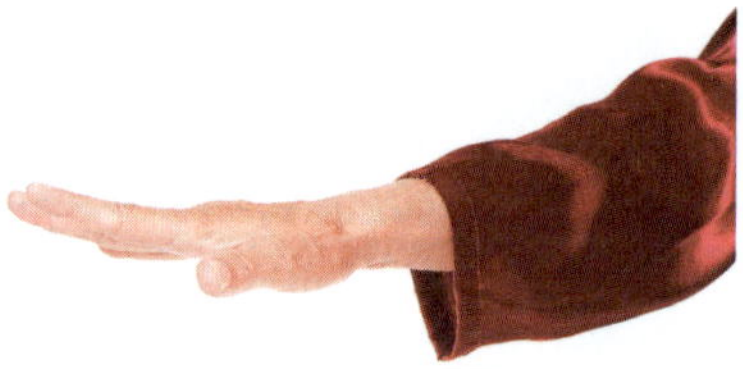

图 30

【要领】

扳指前，放松梯形指，十指伸直；扳动某指时，余指放松，保持原状，不可跟随。

动作宜慢不宜快；不可错扳、漏扳。

【功理】

扳指是内劲一指禅独创的延年益寿法宝。它是众多养生家经验的总结，是经络理论与健康时间的结晶。扳指是有规律、按顺序，有节奏、按时间地扳动手指与按动足趾的健身功法。

扳指是运用手指（足趾）开启与闭合气路，调节全身经络的气血流量。随着手指与足趾的扳按，身体出现前后俯仰的微动甚至剧烈的震动，并且感到有热流从督脉上行，沿任脉直下，循环反复，二脉联通。从经络学上说，拇指属手太阴肺经，食指属手阳明大肠经，中指属手厥阴心包经，无名指属手少阳三焦经，小指属手少阴心经、手太阳小肠经；大趾属足太阳脾经、足厥阴肝经，中趾属足阳明胃经，第四趾属足少阳胆经，小指属足少阴肾经、足太阳膀胱经。手足的三阴三阳经是连着五脏六腑的经络系统，是运行气血、联络上下的关键。手三阴经从手走胸、从胸走手，交会手三阳经；手三阳经从手走头，交会足三阳经；足三阳经从头走足、交会足三阴经；足三阴经从足走腹至胸，交手三阴经。依次相接、经络畅通。

祖国医学认为十二经脉经气的散布，以四肢及肘膝为本，躯干为标。《素问·太阴阳明论》说："阴气从足上行至头，而下行循臂至指端；阳气从手上行至头，而下行至足。"《灵枢·动输》赞叹道："夫四末阴阳会者，此气之大络也。"人体的经络都与手足密切关联，从手足的关键性考察，手足犹如经络的开关。它能使内气升降出入，导引如意。可以毫不夸张地说，"妙术机密，来自手足。"

手指与足趾的扳按，可以调节人体各经络的内气的流速与流量，促进气血的运行，蓄积内劲，因此，扳指可以加快练功的进程，水到渠成。

规律性的手指运动与足趾运动，可以外濡腠理，内溉三节（根节、中节、梢节）：即气至根节，炼精化气；气至中节，炼精化神；气至梢节，炼神化精。可以调动手足三阳三阴经筋，可以打通奇经八脉，使全身血液循环顺畅，阴阳平衡；可以使脏腑的气血更加充足，病变的组织得到濡养及修复。这是机体的细胞分裂完成生长发育、创伤修复以及生理再生即新陈代谢的生命运动过程。

平时人体的磁场无序化而且较弱。通过对手指的扳按，反复切割磁力线，磁场变得有序化并且——增强了磁场强度。据《中华气功》1987年第一期报道，沈阳军区大连疗养院专家李梦华测试：在一组练过扳指法的69人中有14人未曾接触过气功，手上的磁场平均为0.38高斯（高斯是磁场强度单位），而练本功法12天后，手上的磁场平均提高到1.13高斯。经验证明，凡是坚持练习本功法半年的人，手上的磁场都可以达到较高水平。

通过扳指与按趾，可以激发经气的运行，健身祛病，蓄积内劲，提高功力；从而达到融合天地清气与人体精、气、神、力贯通的境界。

【注意事项】

（1）不要急于扳指。只有打好功底，蓄积内劲，才能达到扳指的预期目的。过早扳指，或者没有功效，或者收效甚微。如果在健康状态还没有恢复、内气没有或略有蓄积的阶段就要扳指，勉强而大量地调动内气，犹如枯井打水，身体难以承受从而产生不适感，以致影响情绪。若合理坚持练功半年后，身体素质得到一定程度的恢复，可以经受内气的强烈冲击，这时就具备了扳指条件。

第一次扳指要有人指导，如果没有条件，可以缓慢地扳指，以防意外。要严格按规定的序数扳指，注意力要集中，但不要紧张。

（2）不要过快、过紧。扳指过程中站立要平稳。偶尔站立不稳，其原因是扳指动作过快或桩架过紧。此外，内气不畅，出现自发功也会站立不稳，应注意调整。

速度和力量要适当。内气运行缓慢，身体就舒适；内气运行过急，身体就疲劳。所以，速度越慢越好。扳动一指的时间，大约1分钟。

扳指的力量从内气中产生，不要用力扳动。因为用气推动，力量适当，而用力扳动，快慢不匀。所以功效大不相同。

（3）记错序数，不必慌张。可以停扳，弄准序数再扳。一旦扳错手指，可以无意识地练功10分钟；调整序数，继续扳动。

（4）如果感到不舒适，可以改换桩架。如果发生头晕、头昏等现象，马上收功，休息片刻或喝点热茶，就会恢复正常。

八、收势

马步站桩结束时，步型不变，两掌随弯腰动作至膝下，掌心向上，十指相对如捧物，两掌沿正中线缓慢抬起（图31）。同时用鼻吸气，要深长细匀，掌心向内，至天突穴（图32）。身体直立，吸气毕。前臂与上臂夹角约45°，高与肩平。翻掌向下如按物，沿正中线缓慢下按，以口呼气，要深长细匀，下按到位（图33）。两掌分开，自然下垂，置于体侧，呼气毕。左脚向右脚靠拢，人体直立，两眼平视前方。第1次收势结束。

收势

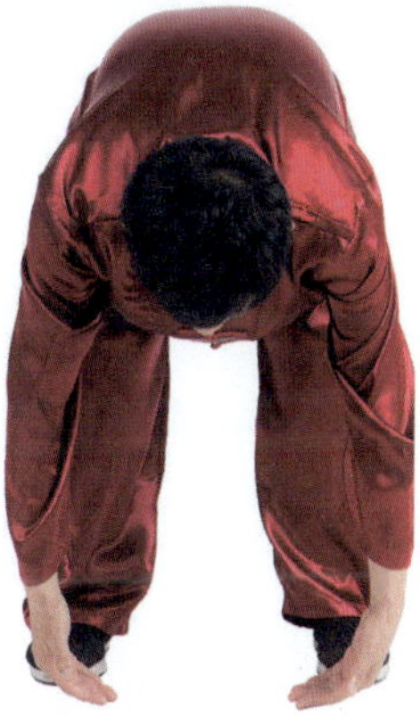

图 31

图 32

图 33

第2次收势。身体直立，掌心相对，两掌从体侧向正中线内收，掌心向上，十指相对如捧物。两掌缓慢提起同时用鼻吸气，深长细匀；掌心向内至天突穴，人体直立，吸气毕；前臂与上臂夹角约45°，高与肩平。翻掌向下如按物，沿正中线缓慢下移，同时以口呼气，深长细匀。下按到位，两掌分开，自然下垂，置于体侧，两眼平视前方。

如此进行第3次收势。

第二节　内劲一指禅功法中级练习

内劲一指禅功法（初级）的步型始终是马步站桩，只是掌臂从马步站桩的静态转入动态。然而，内劲一指禅功法（中级）的设计则是上下肢全处于动态之中，体现出动静结合、以静为主的功法特色。

内劲一指禅功法（中级）习惯上称之为第二套功法。它包括弓步桩、虚步桩、丁字托塔、一字桩、童子拜访以及手指扳动功法（二）。

这套功法增加了一定的难度与强度，在经络的开合上、内劲的蓄积上及功力的增长上，更能体现特有的色彩，其考究的桩架、合理的程序，使人在练习中享受快乐。

在做内劲一指禅功法（中级）前，亦必须练好调息（同初级）、三环聚气（同初级）和马步站桩（同初级）。

一、弓步桩

【起势】

（1）身体直立，两眼平视前方。全身放松，两臂自然下垂。

（2）两臂从体侧缓缓抬起，翻掌向上。当两臂抬至与正中线构成45° 角时，在头前上方，前臂内收，十指相对。前臂带动两掌贯气于印堂穴，从抬臂到向印堂穴贯气，用鼻徐徐吸气（图34）。

图 34

图 35

（3）两掌沿正中线下压，同时用口呼气（图35）。

（4）两掌下压至下腹部后放在体侧。如此反复3次（图36）。

【功法】

（1）身体直立，两眼平视前方，呼吸自然。

图 36

图 37

（2）右臂向右侧方举起成侧立掌。当肩臂与正中线构成45° 角时（图37），掌心向后。同时左手向上穿出，使两掌在胸前交叉，十指向上。右掌心沿左前臂中心线下移，当左掌穿至略高于面部时，下移的右掌心在左肘尖下。右掌从肘下向上翻转变俯掌，中指对准左肘曲池穴，使左掌变俯掌，左臂放平，同时左脚向左侧方出步约90厘米，屈膝成左弓步。重心在两脚间但略偏左脚。

图 38

（3）右手中指沿左前臂向掌侧移动，对准左手合谷穴，距约10厘米，停1分钟（图38）。

（4）换式：右掌从左手合谷穴移动到左手中指对准右手合谷穴时，使右掌背从左掌下沿前臂尺侧缓慢移动至左肘，翻右掌向上沿前臂移动，同时使右腿向右侧方上步，屈膝成右弓步。此时右掌移动至左掌指前，翻掌向下，左手中指对准右手合谷穴，距约10厘米，停1分钟（图39），如此完成左右弓步的换式。

图 39

【要领】

弓步时，两手呈梯形。

左弓步，左前臂与上臂夹角约140°，右前臂与上臂夹角约110°。右掌臂与正前方夹角约45°，右脚掌与正前方夹角亦约45°。左脚尖内扣，左膝不可超过脚尖，右腿蹬直。头部正直，眼视前方。转换弓步时，要保持桩位的高度，左右弓步的要领相同。

【收势】

两掌翻转向上，同时后脚上一步，使两脚靠拢。两腿直起。两掌十指相对，缓慢抬起，用鼻吸气，至天突穴，翻掌向下，沿正中线下移，用口呼气，恢复直立体位，反复做3次。

【功理】

弓步桩是“内劲一指禅”的基本功法之一。它具有强腿固肾的功能。左腿屈膝半蹲成弓步，使大腿股外侧肌与小腿的腓骨长肌、腓骨短肌收缩，促使足少阳胆经放开，经络畅通。这条经脉始于头沿颈至肩，进入缺盆穴，向下进入胸腔，穿过横隔，联络肝脏，属胆。沿胁肋下至足阳明胃经的气冲穴，环绕阴毛，横行至股骨大转子部环跳穴，下行经风市、中渎穴至膝关节外侧的膝阳关穴处，经过腓骨小头前下方的阳陵泉穴，直下经阳交、外丘、光明、阳辅、悬钟穴后，过外踝至丘墟穴，沿足背经足临泣、地五会，至足窍阴穴。我们从生理解剖上看足少阳胆经及其经穴的具体部位，血管、神经的分布，瞳子髎穴有眼轮匝肌，深层为颞肌，布有颧面神经和颧颞神经及面神经的颞额支。听会穴有颞浅动脉耳前支，深部为颈外动脉及面后静脉，布有耳大神经及面神经分支。悬颅穴在颞骨部颞肌中，有颞浅动脉额支，布有颜面神经颞支。头临泣穴在额骨部额肌中，有眶上动脉，布有上神经和颜面神经的颞支分支。风池穴在胸锁乳突肌和斜方肌之间的凹陷中，深层为头夹肌。有枕动、静脉分支，布有枕小神经分支。肩井穴在三角肌后缘，有斜方肌，深层为提肩胛肌与冈上肌之间。有颈横动、静脉。布有锁骨上腋神经后支，深层为副神经。环跳穴在臀大肌、梨状肌下缘。内侧为臀下动、静脉，布有臀下皮神经、臀下神经，深部正当坐骨神经。风市穴在阔筋膜下，股外侧肌中，有旋股外侧动脉、静脉，布有股外侧皮神经。膝阳关穴在髂胫束后方，股二头肌腱前方，有膝上外侧动、静脉。皮下有股外侧皮神经末支。阳陵泉穴在腓骨长肌与伸趾长肌中，有膝下外侧动、静脉。当腓总神经分为腓浅及腓深神经处。光明穴在伸趾长肌和腓骨短肌之间。有胫前动、静脉分支。当腓浅神经处。悬钟穴有胫前动、静脉。布有腓浅神经，腓深神经。巨墟穴在伸趾短肌起点中。有外踝前动脉分支，布有足背外侧皮神经、腓浅神经。足临泣穴有足背动、静脉网，第四跖骨背侧静脉。布有第四跖背侧神经。地五会穴同是临泣穴。足窍阴穴有趾背动、静脉和趾底动、静脉形成的动、静脉网。分布有趾背神经。很显然，环跳穴、风市穴、膝阳关穴、阳陵泉穴、光明穴、悬钟穴、丘墟穴、足临泣穴、地五会穴以及足窍阴穴由于臀大肌、梨状肌、股外侧肌、股二头肌腱、小腿的腓骨长肌与伸趾长肌，腓骨短肌、伸趾短肌的持续收缩使上述经穴、血管和神经受到不同程度的挤压，从而气血旺盛，周流全身。胆与肝直接相连，互为表里。胆中所藏为清净之汁，胆性刚直，豪壮果断。所以《素问》说：“胆者，中正之官，决断出焉。”气功态中，锻炼的是少阳胆经，使之传化之腑均盛清净之汁，并且肝气条达。

弓步桩的左腿屈膝致使足少阳胆经放开，经络畅通，对此我们已经做了讨论。现在，就右腿蹬直使足少阴肾经气血运行的变化，做初步探讨。足少阴肾经起始于足小趾之下，向足心方向斜行，经过涌泉、然谷穴至内踝后的太溪穴处，向下绕行足跟部，经大钟、水泉、照海穴，上行于小腿内侧，经复溜、交信、筑宾穴而至腘窝内侧的阴谷穴处，沿大腿内侧后缘上行，贯穿脊柱，入属肾脏，联络膀胱。我们不妨具体解剖足少阴肾经的部分经穴以说明弓步桩在调整经络的气血方面的作用。

① 涌泉穴，在足底第二、三跖骨之间，跖腱膜中。有屈趾短肌腱、屈趾长肌腱、第二蚓状肌，深层为骨间肌。有足底外侧动脉与胫前动脉吻合的足底弓，布有趾跖侧总神经。② 然谷穴，在舟状骨结节前下方，外展拇肌中。有足底内侧跗内侧动、静脉分支，布有小腿内侧皮神经末支，及足底内侧神经。③ 太溪穴，在内踝与跟腱之间，前方有胫后动、静脉，布有小腿内侧皮神经，当胫神经经过处。④ 复溜穴，在胫骨后方，比目鱼肌下端移行于跟腱处之内侧。深层前方有胫后动、静脉，布有腓肠神经分支和小腿内侧皮神经，深层前方为胫神经。⑤ 阴谷穴，屈腱在腘窝横纹内侧，在半肌腱与半膜肌之间。有膝上内侧动、静脉，分布有股内侧皮神经。⑥ 大赫穴，在耻骨上部锥状肌外缘腹肌中，有腹壁下动脉，布有第十二肋下神经前皮支及髂腹下神经。

当弓步桩的左腿半蹲成为左弓步时，大腿肌的股薄肌、内收长肌以及小腿肌的胫骨长肌、伸拇长肌和伸趾长肌的收缩、挤压刺激涌泉穴、然谷穴、太溪穴、复溜穴、阴谷穴的血管、神经以及足少阴肾经。由于骨骼肌较持久的收缩，肌肉中的毛细血管几乎全部放开，供给肌肉纤维更多的营养。足少阴肾经与其相伴的血管和神经对这种刺激所发生的反应，就是经络中气血的旺盛，血液的畅流，神经的兴奋。这就是所说的经络畅通了。肾脏的功能加强，使肾精得到了滋养，肾气充足，因此，固肾气，振肾阳。左弓步时，掌臂经气的交流，促使周身气血的通畅。① 左臂屈肘前伸，使右手的手厥阴心包经中冲穴对准左手的手阳明大肠经合谷穴，调整两经脉的经气；② 左右弓步交替，使左右手的两经穴交互感应，交互引发，与足三阴三阳的经气上下沟通；③ 穿掌功法，增加了对经络与经穴的引发。

【附】足少阳胆经生理解剖（部分经穴）

① 瞳子髎：有眼轮匝肌，深层为颞肌，布有颧面神经和颧颞神经及面神

经的颞额支。

② 听会：有颞浅动脉耳前支，深部为颈外动脉及面后静脉，布有耳大神经及面神经分支。

③ 悬颅：在颞肌中，有颞浅动脉额支，布有颜面神经颞支。

④ 头临泣：在额骨部额肌中，有眶上动脉，布有眶上神经和面神经颞支分支。

⑤ 风池：在胸锁乳突肌和斜方肌之间的凹陷中，深层为头夹肌，有枕动、静脉分支，布有枕小神经分支。

⑥ 肩井：在三角肌后缘，有斜方肌，深层为提肩胛肌与冈上肌之间，有颈横动、静脉。布有锁骨上腋神经后支，深层为副神经。

⑦ 环跳：在臀大肌、梨状肌上缘。内侧为臀下动、静脉、布有臂下皮神经、臂下神经，深部正当坐骨神经。

⑧ 风市：在阔筋膜下，股外侧肌中，有旋股外侧动、静脉，布有股外侧皮神经。

⑨ 膝阳关：在髂颈束后方，股二头肌肌腱前方，有膝上外侧动、静脉，皮下有股外侧皮神经末支。

⑩ 阳陵泉：在腓骨长肌与伸趾长肌中，有膝下外侧动、静脉，当腓总神经分为腓浅及腓深神经处。

⑪ 光明：在伸趾长肌和腓骨短肌之间，有胫前动、静脉分支，当腓浅神经处。

⑫ 悬钟：有胫前动脉，布有腓浅神经、腓深神经。

⑬ 丘墟：在伸趾短肌起点中，有外踝前动脉前支，布有足背外侧皮神经之支、腓浅神经之支。

⑭ 足临泣：有足背动、静脉网，第四跖骨背侧静脉，布有第四趾背侧神经。

二、虚步桩

【起势】同前。

【功法】

（1）右掌举向右侧方，成侧立掌；当右臂与正中线成45° 角时，掌心向后，沿正中线向下移动，同时左掌心向内成立掌，从腹部沿正中线上穿（图40）。

图 40

图 41

当两掌交叉时，右掌沿左前臂外侧中心线下移，停在肘尖下。左掌至面部高度时，两掌向下，右臂外展，使两前臂与地面平行，掌指向前成梯形，放松。同时两腿下蹲，重心移至右腿。左脚向前出半步，脚掌点地，膝盖略屈；右膝略超过脚尖，形成左虚步桩架（图41）。

（2）换式：右腕移至左掌下方。沿左前臂内侧中心线上移，至左肘部翻掌向上绕过肘部，使右外劳宫穴对准左肘小海穴，同时左脚收回，使重心移至左腿，此时右掌继续沿前臂外侧中心线移过左掌，翻掌向下，两掌变梯形，使两前臂平行并与地面平行，同时左脚出半步，右脚掌点地，成右虚步（图42）。

图 42

【收势】同前。

【要领】

上体保持正直，上实下虚。两前臂平行且与地面平行。左虚步时，左前臂与上臂夹角约145°；右前臂与上臂夹角约100°。前后掌错开10厘米。

转换虚部要领同，唯左右相反。

【功理】

虚步桩是“内劲一指禅”功法中最基本、最重要的功法之一。它的难度与强度较大，同“马步站桩”“弓步桩”共同构成“内劲一指禅”独具特色的桩架。由此可见，它是练好本门功法的关键之一。受“虚步桩”重心的支配，大小腿后侧肌群强力收缩，沿大小腿后侧走行的足太阳膀胱经伴随开合。足太阳膀胱经的循环路线如下：

从内眼角开始，上至额部，交会于头顶，一支从头顶到耳上角。其直线，从头顶深入络于脑，出来在顶部分开下行，沿肩胛内侧，夹脊旁到达腰中，进入沿脊旁筋肉络于肾，属于膀胱。腰部分支，从腰中向下，夹脊旁，贯通臀部，进入腘窝中。背部另一支，从肩胛内侧分别下行，通过肩胛，经过髂关节部，沿大腿外侧后边向下，会合于腘窝中。向下通过腓肠肌部，出外踝后方，沿第五跖骨粗隆到小趾的外侧（接足少阴肾经）。

下面我们解剖部分经穴来分析肌肉、血管、神经与经络的关系。殷门穴在股二头肌与半腱肌之间，外侧有股深动、静脉第三穿支，分布有股后皮神经，深层为坐骨神经。委中穴在腘窝正中，有腘筋膜，皮下有股腘静脉，深层内侧为腘静脉，最深层为腘动脉，有股后皮神经，正当胫神经处。承山穴在腓肠肌二肌腹交界下端，有小隐静脉，深层为胫后动、静脉，布有腓肠内侧皮神经，深层则为胫神经。飞扬穴有腓肠肌及比目鱼肌，布有腓肠外侧皮神经。昆仑穴有腓骨短肌，有小隐静脉及外踝后动、静脉，当腓肠神经行经处。京骨穴在外展小趾肌下方，有足底外侧动、静脉，布有足背外侧皮神经，深层为足底外侧神经。至阴穴有趾背动脉及趾跖侧固有动脉形成的动脉网，布有趾跖侧固有神经及背外侧皮神经。

当大腿后侧的股二头肌与半腱肌、腘筋膜，小腿后侧的腓肠肌、比目鱼肌、腓肠短肌受“虚步桩”重心作用而收缩时，上述的殷门穴、委中穴、承山穴、飞扬穴、昆仑穴、京骨穴、至阴穴伴随开合。同时注意到，上述经穴以及足太阳膀胱经的血管、神经发生生理性的反应，就是增强了膀胱的贮存津液、化水行气的功能。

两掌臂的伸屈，交相穿掌，掌心向下，调动周身经气并采地气；促进经气与自然之气融合。

【附】足太阳膀胱经生理解剖

① 睛明：在眶内缘睑内侧韧带中，深部为眼球内直肌。有内眦动、静脉和滑车上、下动、静脉，深层上方的眼动、静脉本干，布有滑车上、下神经，深层的眼神经分支，上方为鼻睫神经。

② 攒竹：有额肌及皱眉肌，当额动、静脉处，布有额神经内侧支。

③ 大杼：有斜方肌、菱形肌、上后锯肌，最深层为最长肌。有第一肋间动、静脉后支。布有第一胸神经后支内侧支，深层为第一胸神经后支外侧支。

④ 风门：有斜方肌、菱形肌、上后锯肌，最深层为最长肌，有第二肋间动、静脉的内侧支。布有第二胸神经后支，内侧皮支，深层为第二胸神经后支外侧支。

⑤ 肺腧：有斜方肌、菱形肌深层为最长肌。有第三肋间动、静脉后支的内侧支。布有第三胸神经后支内侧支，深层为第三胸神经后支外侧支。

⑥ 膈腧：在斜方肌下缘，有背阔肌、最长肌，有第七肋间动、静脉后支的内侧支，布有第七胸神经后支内侧支，深层为第七胸神经后支外侧支。

⑦ 肾腧：在最长肌和髂肋肌之间。有第二腰动、静脉后支的内侧支，布有第一腰神经的后支内侧支，深层为第一腰神经后支外侧支。

⑧ 委中：在腘窝正中，有腘筋膜，皮下有股腘静脉，深层内侧为腘静脉，最深层为腘动脉，有股后皮神经，正当胫神经处。

⑨ 承山：在腓肠肌二肌腹交界下端，有小隐静脉，深层为胫后动、静脉，布有腓肠内侧皮神经，深层则为胫神经。

⑩ 飞扬：有腓肠肌及比目鱼肌，布有腓肠外侧皮神经。

⑪ 昆仑：有腓骨短肌，有小隐静脉及外踝后动、静脉，当腓肠神经行经处。

⑫ 申脉：有外踝动脉网，当腓肠神经分布处。

⑬ 金门：第五跖骨基底后方，外展小趾肌上缘，有跖外侧动脉，布有跖外侧神经。

⑭ 京骨：在外展小趾肌下方，有足底外侧动、静脉，布有足背外侧皮神经，深层为足底外侧神经。

⑮ 至阴：有趾背动脉及趾跖侧固有动脉形成的动脉网，布有趾跖侧固有神经及背外侧皮神经。

三、丁字托塔

【起势】同前。

【功法】

右手掌举至与正中线成45° 角时，掌指向上，掌心向内向后，沿正中线下移。同时左掌心向内，变立掌，向上穿出（图43）。

图 43

两掌交叉后，右掌沿左前臂外侧中心线移至肘部外展，置于腰侧，手指成龙爪状，掌心向下与地面平行。左掌至头左侧方翻掌向上，成龙爪状。同时两腿半蹲，重心移至右腿，左脚尖点地，置于右脚内侧中心点，成丁字托塔（图44、图45）。

图 44

图 45

换式时，两掌同时向内，左掌沿正中线下移，右掌沿正中线由左掌心穿过。

此时左脚落地，右脚提起，脚尖点地，成右丁字步。同时左掌沿右前臂外侧移至肘部，右掌过头部翻掌向上，成龙爪状。左掌向下成龙爪状，置于腰侧。于是完成右丁字托塔。

【收势】同前。

【要领】

右脚掌与前方夹角约为10° 。左脚尖距右脚掌约10厘米，右膝略超出脚尖。左前臂与地面垂直，左掌上托成龙爪状，略高于头。龙爪张开如轻抓物，掌指稍用力，掌心放松；右掌向下，手指松直，距腰侧约10厘米。头部与身体正直。髋部尽量放松。

虚步桩的练习时间一般为30分钟。

【功理】

“丁字托塔”的特点是：① 丁字；② 托塔。

首先是丁字。从“丁字托塔”的功法可以了解：这个虚步桩的重心偏于右腿，左腿屈膝左脚尖点地置于右腿侧，重心集中于右腿前侧，即足阳明胃经走行的路线。从鼻旁开始，交会鼻根中，向旁会足太阳经，向下沿鼻外侧，进入上齿槽中，出来夹口旁，环绕嘴唇，下边交会承浆部，退回沿下颌，出大迎，沿颊车，上耳前，经上关，沿发际，至额颅中部。一支从大迎前向下，经人迎，沿喉咙，进入缺盆（锁骨上窝），通过横隔，属于胃，络于脾。外行的主干从缺盆下行，经乳部，向下夹脐旁，进入腹股沟动脉（气冲）部。一支从胃口开始，向下沿腹里，至腹股沟动脉部与前者会合。由此向下经髂关节前（髀关）到股四头肌隆起处（伏兔），下向膝膑中，沿胫骨外侧，下向足背，进入中趾内侧趾缝（出中趾末端）。分支从膝下3寸（1寸≈3.3厘米）处分开，向下进入大趾缝，出其端（接足太阳脾经）。

我们沿这条循行路线，考察下肢经穴在“丁字托塔”功法中的开合情况。① 髀关穴在股直肌部。深层有旋股外动、静脉分支，分布有股外侧皮神经及神经肌支。② 伏兔穴在股前外侧，腹直肌中有旋股外侧动、静脉分支，布有股前皮神经，当股外侧皮神经处。③ 阴市穴在股骨前外侧，股直肌与股外侧肌之间，有旋股外侧动脉降支，布有股神经肌支与前皮支。④ 梁丘穴在腹直肌和股外侧肌之间，有旋股外侧动脉降支，布有腹前皮神经，当股外侧皮神经处。⑤ 足三里穴在肌骨前肌与伸趾长肌之间，有胫前动、静脉，为腓肠外侧皮神经及隐神经之皮支分布处，深层正当腓深神经。⑥ 丰隆穴在伸趾长肌外侧和腓骨短肌之间，有胫前动脉分支，当腓浅神经处。⑦ 解溪穴在伸拇长肌腱和伸趾长肌腱之间，有胫前动、静脉。浅部正当腓浅神经，深层正当腓深神经。⑧ 内庭穴有足背静脉网。当足背内侧皮神经第二支趾背神经分歧处。⑨ 厉兑穴有趾背动脉，布有趾背神经。从生理解剖上，可以清楚地了解到，“丁字托塔”功法使大小腿前群肌肉收缩从而促使上述经穴的血管、神经发生生理性反应。就是经穴的开合使气血循环加快，以致功力深厚，潜能增加。因为胃主受纳腐熟水谷，司升清降浊，为人体气血生化之源。这是关于“丁字”的讨论。

其次是托塔。在“丁字托塔”功法中，两掌臂经交相引发后，一掌在头上，如龙爪抓物，一掌在体侧，掌心向下，也如龙爪抓物。两掌指实心空。劳宫穴放开，一仰而向天，上接天阳，一俯而向地，下接地阴。如此周身聚气，贮存内力，炼神化精，强壮五脏。

【附】足阳明胃经生理解剖

① 地仓：在口轮匝肌中，深层为颊肌，有面动、静脉，布有面神经分支、眶下神经分支，深层为颊肌神经末支。

② 颊车：在下颌角前方，咬肌中，有咬肌动、静脉，布有耳大神经、面神经及咬肌神经。

③ 下关：当颧弓下缘，咬肌起部，有面横动、静脉，最深层为上颌动、静脉，正当面神经颧眶支及其颞神经分支，最深层为下颌神经，皮下有腮腺。

④ 头维：在颞肌上缘帽状腱膜中，有颞浅动、静脉的额支，布有颧颞神经分支及面神经颞额支。

⑤ 梁门：在腹直肌及其鞘处，深层为腹横筋膜，有第七肋间动、静脉分支及腹壁上动、静脉，当第八肋间神经分支处。

⑥ 关门：在腹直肌第二腱鞘处，皮下为腹直肌鞘前叶，再下为腹直肌，有腹壁上动脉，布有肋间神经。

⑦ 滑肉门：在腹直肌中，有腹壁上动脉，布有肋间神经。

⑧ 天枢：在腹直肌及其鞘处，有第九肋间动、静脉及腹壁下动、静脉分支，布有第十肋间神经分支。

⑨ 水道：在腹直肌及其鞘处，有第十二肋间动、静脉分支，外侧为腹壁下动、静脉，布有第十二肋间神经。

⑩ 归来：在腹直肌外缘，有腹内斜肌、腹横肌腱膜，外侧有腹壁下动、静脉，布有髂腹下神经。

⑪ 伏兔：在股骨前外侧，股直肌中，有旋股外侧动、静脉分支，布有股前皮神经，当股外侧皮神经处。

⑫ 阴市：在股骨前外侧，股直肌与股外侧肌之间，有旋股外侧动脉降支，布有股神经肌支与前皮支。

⑬ 梁丘：在腹直肌和股外侧肌之间，有旋股外侧动脉降支，布有腹前皮神经，当股外侧皮神经处。

⑭ 足三里：在肌骨前肌与伸趾长肌之间，有胫前动、静脉，为腓肠外侧皮神经及隐神经之皮支分布处，深层正当腓深神经。

⑮ 丰隆：在伸趾长肌外侧和腓骨短肌之间，有胫前动脉分支，当腓浅神经处。

⑯ 解溪：在拇指长肌腱和伸趾长肌腱之间，有胫前动、静脉，浅部正当腓浅神经，深层正当腓深神经。

⑰ 内庭：有足背静脉网，当足背内侧皮神经第二支分为趾背神经分支处。

⑱ 厉兑：有趾背动脉，布有趾背神经。

四、一字桩

【起势】同前。

【功法】

随着“起势”的结束，右掌上举与正中线成45°角时，掌指向上，掌心向内向后，沿正中线下移，左手由腹部沿正中线上移（图46）。

图 46

图 47

两掌交叉后，左掌穿过右掌继续上移，止于头部正前方；右掌下移，置于腹前，两掌心向上。同时左脚向左直线出步约65厘米。左脚尖向左正前方，右脚尖向右正前方，屈膝下蹲成一字桩（图47）。

图 48

【换式】

步型不变，左掌内翻下沉，掌指向上，沿正中线下移，右掌心向内，掌指向上，沿正中线上移，穿过左掌，至头正前方，翻掌向上。左掌移至腹部变仰掌（图48）。

如此左右换式。

【收势】

左脚内收向右脚靠拢，伸腿直立。两掌指相对，由腹部向上缓慢抬起，同时用鼻徐徐吸气，至天突穴处；翻掌向下，沿原路线下按，同时用口徐徐将气呼尽。如此连做3次。

【要领】

两脚分开站在一条直线上，成“一”字形。屈膝下蹲，膝盖与脚尖平齐，大小腿夹角约110° 。下掌距身体约5厘米，上掌距额顶约10厘米。掌心稍内凹，高血压病患者的上掌可稍偏于左或右。

【功理】

“一字桩”是“内劲一指禅”最基本、最重要的桩架之一。

“一字桩”功法使两脚尖向左、右正前方一字分开。脚间距离较大，下蹲桩位较低，其强度是显而易见的。“一字桩”侧重锻炼沿小腿与大腿的内侧走行的足太阳脾经与足厥阴肝经。

足太阳脾经起始于足拇趾的尖端，沿着拇趾、足内侧，经隐白、大都、太白、公孙、商丘穴过内踝前缘，到达小腿内侧，沿着胫骨后面，经三阴交、漏谷、地机、阴陵泉穴上行于膝与大腿内侧前缘,经血海、箕门、冲门穴进入腹部，入属于脾脏，联络胃腑，向上穿横隔，挟着食道，连着舌根，分散于舌下。其支脉由胃部分出，向上穿过横隔，注入心中，与手少阴心经相接。

我们沿着这条经脉的循行路线解剖部分经穴以便进行讨论。① 隐白穴有趾背动脉，为腓浅神经的趾背神经与趾跖侧固有神经的吻合处。② 太白穴在第一跖骨小头后下方，拇外展肌中，当屈拇长肌上缘，有跖内侧动脉，布有跖内侧神经。③ 公孙穴在第一跖骨基底的前下缘，外展拇肌中，有跗内侧动脉及足背静脉网，布于隐神经及腓浅神经分支吻合处。④ 三阴交穴在胫骨后缘与比目鱼肌之间，深层有屈趾长肌，有大隐静脉，胫后动、静脉，布有小腿内侧皮神经，深层后方有胫神经。⑤ 阴陵泉穴在胫骨后缘与腓肠肌之间，比目鱼肌起点下方。前方有大隐静脉、膝最上动脉，最深层有胫后动、静脉，布有小腿内侧皮神经本干，最深层有胫神经。⑥ 血海穴在股骨内上髁上缘，股内侧肌内侧缘，有股动、静脉肌支，布有股前皮神经及股神经肌支。⑦ 箕门穴在股骨内侧缝匠肌之内侧缘，当内收长肌下端，有股动脉，布有闭孔神经及股神经。⑧ 冲门穴在髂前上棘内下方，腹股沟韧带中点下缘，有股壁下动脉和旋髂浅动脉，布有髂腹股沟神经。足厥阴肝经起始于足大趾的大敦穴，上行于足背，经行间穴、太冲穴至内踝前一寸处的中封穴，从内踝前方上行于小腿内侧，经蠡沟、中都穴至踝上八寸处与足太阴脾经相交，并行于其后，经膝关穴、曲泉穴上行于内侧，经阴包、足五里、阴廉、急脉穴进入阴毛部，环绕生殖器进入小腹，向上入属于肝，与肝相连络。

现在试就足厥阴肝经的下肢经穴的生理解剖加以说明。① 大敦穴，在大趾外侧，有趾背动脉，布有趾背神经。② 行间穴，在第一、二趾缝间，足背静脉网，趾背侧动脉，为腓深神经的跖背神经分为趾背神经的分歧处。③ 太冲穴，在第一、二趾骨间隙中，伸拇长肌腱外缘。有足背静脉网，第一跖背侧动脉。布有腓深神经的跖背侧神经。④ 蠡沟穴，在胫骨内侧缘下三分之一处，后方为大隐静脉，布有隐神经的前支。⑤ 曲泉穴，在股骨的内缘，半膜肌，半腱肌止点前方，缝匠肌后缘。前方为大隐静脉，当膝最上动脉处，布有隐神经。⑥ 阴包穴内收长肌中点，达内收短肌，深部外侧有股动、静脉，有旋股内侧动脉浅支，分布有股前皮神经，闭孔神经前支。⑦ 足五里穴在内收长、短肌部，有旋股内侧动、静脉浅支，分布有生殖神经，股前皮神经及闭孔神经前支。⑧ 章门穴在第十一肋尖端，腹内、外斜肌及腹横肌中，有第十肋间动、静脉，稍下为第十肋间神经。

当拇外展肌、屈拇长肌、胫骨长肌、比目鱼肌、股内侧肌、内收长肌、内收短肌收缩时，上述经穴受到锻炼，促进身体健康。由“一字桩”从脚的着力点看，拇趾受力最大。所以大趾上的隐白、大敦两穴受到激发而沿脾经、肝经上行，加强脾、肝两经的内气运行，而产生强脾、肝的作用。脾位于腹中，它的经脉络胃，与胃互为表里。脾具有运化、输送营养，益气、统血、主四肢、化痰化湿等生理功能。因为脾主四肢，所以四肢的运动对脾胃有健壮的作用。肝气疏泄条达，人能气血平和、心情舒畅。

五、童子拜佛

【起势】同前。

【功法】

右手臂上举，左手在胸前沿中线与右手在鼻前合掌，两掌高度不要超过鼻尖，眼睛往前看，同时提起左脚，置于右膝上，屈膝下蹲，呼吸自然。（图49、图50）。

图 49

图 50

【换式】

两手合十不动，左脚缓慢落地，右脚提起置于左膝上，成左下蹲式（图51）。

【收势】

右脚落地，两脚靠拢。两掌置于身体两侧，由腹部变仰掌，掌指相对。捧气向上至天突穴，同时用鼻吸气，翻掌下移至腹部，同时用口呼气。

反复3次。

图 51

【要领】

两手合十，十指相抵，中指稍屈，两掌心相距约5厘米，十指高与鼻齐平，并相距约25厘米。两眼平视正前方。右脚掌与正前方中心线约为10°，大腿与地面垂直线约为30°。左脚跟上提至右膝上要尽量保持距离，脚尖向正前方。

【功理】

“童子拜佛”的功法难度与强度较大。①两手合十使手三阴、手三阳经脉相接，劳宫穴相对，使精气通过体表经穴联通，自然之气接济体内真气。②“童子拜佛”功法不同于“马步站桩”“一字桩”的“两腿功”；也区别于“弓步桩”“虚步桩”的“一条半腿功”。它是“一腿功”。虽然较上述功法难度变大，并且“童子拜佛”的重心偏于单腿下蹲的膝前侧，就更增加了难度与强度。无疑是全面锻炼足三阴、足三阳的一个好桩架。而所提起的腿在锻炼足三阴、足三阳经方面则程度轻微。当然，这是相比较而言的。总之，“童子拜佛”是蓄积内劲、增长功力且强度较大的桩架。

六、手指扳动功法（二）

马步站桩5分钟后便可扳动手指与按动足趾。其功法要领与手指扳动功法（一）即第一套手指扳动功法完全相同，唯扳按的顺序与次数不同。

在手指扳动功法（二）中，手指扳动顺序及次数如下：

第一，拇指扳动3次；

第二，中指扳动5次；

第三，小指扳动3次；

第四，食指扳动7次；

第五，无名指扳动9次；

第六，扳动中指1次。

扳指的同时要相应按动足趾。扳指功法结束后，恢复马步站桩梯形指继续站桩5分钟，再行收势。

如果“手指扳动功法（一）”是为了治病，那么“手指扳动功法（二）”则是为了巩固康复效果、巩固功力，向深层发展的功法。

七、收势

马步站桩结束时，步型不变，两掌随弯腰动作收至膝下，掌心向上。十指相对如捧物，两掌沿正中线缓慢抬起（图52）。同时用鼻吸气，要深长细匀，掌心向内，至天突穴（图53）。人体直立，吸气毕。前臂与上臂夹角约

图 52

图 53

45°，高与肩平。翻掌向下如按物，沿正中线缓慢下按，以口呼气，要深长细匀。下按到位（图54），两掌自然下垂，置于体侧，呼气毕。左脚向右脚靠拢，人体直立，两眼平视前方。第1次收势结束。

图 54

第2次收势。身体直立，掌心相对，两掌从体侧向正中线内收，掌心向上，十指相对如捧物。两掌缓慢提起同时用鼻吸气，深长细匀；掌心向内至天突穴，人体直立，吸气毕；前臂与上臂夹角约45°，高与肩平。翻掌向下如按物，沿正中线缓慢下移，同时以口呼气，深长细匀。下按到位，两掌分开，自然下垂，置于体侧，两眼平视前方。如此进行第3次收势。

第三节 内劲一指禅功法高级练习

内劲一指禅功法练习中的高级功法，习惯称之为第三套功法，其功力向更为高深层次发展。无论从足、腿、腰功的坚实程度，还是从内劲蓄积等方面考察，内劲一指禅功法（高级）都进入一个新阶段。这套功法使人足实、腿健、腰固，内劲充实，取用有余，因而精力更加充沛。

内劲一指禅功法（高级）包括罗汉弓步推掌、虎形桩、蛇形桩、龙形桩、童子拜观音、顶天立地、手指扳动功法（三）和禅坐。

内劲一指禅功法（高级）更有一定的难度，需要付出更大的努力才能求得功力的长进。

在做内劲一指禅功法（高级）前，同样必须练好调息（同初级）、三环聚气（同初级）和马步站桩（同初级）。

一、罗汉弓步推掌

【起势】同前。

【功法】

（1）罗汉推掌：马步站桩10分钟做罗汉推掌，其功法与第一节的罗汉推掌相同，但两掌只向前推出3次，便置于腰侧，停10秒钟（图55～图57）。

图 55

图 56

图 57

（2）左弓步推掌：左脚向左侧方迈步约90厘米，脚尖向左前方，成左弓步。上身转向左，停10秒钟（图58）。

图 58

（3）右掌向前方呈凹形推出。腕与肩同高，掌指向上，两眼向左平视，左掌置于腰侧，停10秒钟（图59）。

图 59

（4）内收右掌于腰侧为俯掌，掌指不超过腹部，停10秒钟；向右前方推出左掌，头向左，目平视前方，停10秒钟（图60）。

图 60

图 61

（5）恢复罗汉推掌桩推掌一次：左脚内收成马步站桩，两掌置于腰侧，掌心向下，掌指不超过腹部，停10秒钟（图61）。

图 62

（6）两掌向前推出1次，停10秒钟（图62）。

（7）两侧推掌：左右掌呈凹形同时向左右方各推掌1次，如推两座山，停10秒钟（图63）；两掌置于腰侧。

图 63

（8）右弓步推掌：右脚出步约90厘米，脚尖向右前方，成右弓步，停10秒钟（图64）。向右方推出左掌，头部转向左方，目平视，右掌在腰侧，停10秒钟（图65）。

图 64

图 65

图 66

（9）内收左掌于腰侧，停10秒钟（图66）。余皆同前，唯方向相反。左右弓步推掌为1次，共做3次。

【收势】同前。

【要领】

（1）罗汉推掌3次结束后，做罗汉弓步推掌。

（2）左弓步，左脚尖向左前方，不内扣。

（3）右掌推向左前方，头转向正前方。

（4）左掌推向右前方，头转向正前方。

（5）一次推掌，要在形成马步站桩后向前推出。

（6）两侧推掌，如推两座山，推时掌呈凹形。

【功理】

“罗汉弓步推掌”是一种复合功法，具两种功法的功效，既有“罗汉推掌”功法的跷腕闭合大陵穴与劳宫穴使经气衰退，两掌弧线推出时放开，所以经气旺盛；又有“弓步桩”那种左腿弓、右腿蹬的“虎虎有生气”的架势。弓步锻炼足少阳胆经与足少阴肾经，并且一掌的中冲穴对准另一掌的合谷穴，使内气互为贯通。“罗汉弓步推掌”气感强烈，使人备感欣慰，故应引起重视。

二、虎形桩

【起势】同前。

【功法】

右掌上举过头，当与正中线构成45°角时，掌心向后，沿正中线向下移动；左掌从腹部沿正中线上移。两掌交叉后，右掌沿左前臂外侧中心线下移，左掌仍上移。同时左脚向左出一大步成左弓步，右脚蹬直。此时左掌穿过头部变仰掌，右掌过左肘尖变俯掌，置于左小腹部，如武松打虎状（图67、图68）。

图 67

图 68

图 69

【换式】

左掌向内，沿正中线下移，右掌向内，沿正中线向上穿过左掌，同时重心右移，变成右弓步，左腿蹬直。右掌在上，左掌在下，做武松打虎状（图69）。

【收势】

右掌变俯掌，左脚内收与右脚靠拢，缓慢立起，两掌由体侧内收，十指相对，向上捧起，用鼻徐徐吸气，至天突穴变俯掌，用口呼气，连做3次。

【要领】

虎形桩上虚下实，重心略偏于屈膝侧，上身正直。上掌与地面约成45°角，置于额上约距20厘米。上臂与前臂夹角约110° 。下掌略下，置于髀关穴处。两眼平视前方。

虎形桩的练习时间一般为30分钟。

【功理】

虎型桩更有动势，是继“罗汉弓步推掌”之后再次锻炼弓腿的足少阳胆经，蹬腿的是足少阴肾经。两掌一上一下，是在使大自然之气为我所用，形成天人地合一使手厥阴心包经受到反复的锻炼。虎型桩的功法是动中有静，以静为主。静功着重练大脑；而动功既练大脑又练全身。这里所说的动，显然不是武术里的动，而是既柔又舒展，显示出静与动的和谐。虎型桩的“动”中强调特殊的静，以求强身，以求益智。

三、蛇形桩

【起势】同前。

【功法】

右掌上举与正中线夹角约为45°时（图70），转掌向后，下移。同时左掌向内沿正中线上穿。两掌交叉后，右掌沿左前臂外侧中心线下移过左肘尖；右掌外展至右腰侧变剑指，即拇指、无名指和小指略内握，食指和中指略伸直。左掌上穿，过额部向正前方伸出，缓慢下移变剑指，止于腕与肩同高处。同时两腿下蹲，重心移至右脚；左脚尖点地，置于右脚内侧中间部位，构成丁字形（图71）。

图 70

图 71

【换式】

变剑指为仰掌，左掌从头部沿正中线下移，右掌从腰侧沿正中线上穿。两掌交叉后，左掌沿右前臂外侧中心线下移，过右肘部外展，至左腰侧变剑指。右掌继续上穿过额部向前伸出变剑指。同时重心移至左脚，使右脚尖点地，置于左脚内侧中间部位，呈丁字（图72）。

图 72

【收势】

两腿立起，两掌放在体侧，从腹部变仰掌，十指相对，沿正中线向上捧气，用鼻吸气，至天突穴，两掌向下，用口呼气。

如此做3次。

【要领】

剑指稍用力，前探剑指的前臂与上臂夹角约110°，形如春蛇探头；腰侧剑指的掌心向下，前臂与上臂夹角约90°。

【功理】

“蛇形桩”属于虚步桩之一，步型与“丁字托塔”一致。它与“丁字托塔”相呼应，具有循环锻炼经脉的意义。就是加强对足阳明胃经的锻炼，促进手阳明大肠经与足太阴脾经的功能，改善五脏六腑的机能。“蛇形桩”是通过上下掌的剑指对手三阴、手三阳经进行锻炼。剑指开启时，食指与中指即放开手阳明大肠经与手厥阴心包经；闭合手太阴肺经、手少阴心经、手太阳小肠经，以及手少阳三焦经，反复开合，形成条件反射，体质健壮，防止或延缓衰老。

四、龙形桩

【起势】同前。

【功法】

右掌上举，当与正中线构成45°角时，掌心向后，沿正中线下移；左掌由腹部上穿，掌心向内，两掌交叉后，左掌继续上移，高与头齐，掌心转而向前，掌臂前探，使上臂与前臂夹角约150°，变龙爪状。右掌下移，放在腰侧，掌心向下，变龙爪状。两手交叉的同时，左脚向前出步，使脚尖点地，右腿下蹲，成左虚步，重心在右腿上（图73、图74）。

图 73

图 74

【换式】

同“虚步桩”（图75）。

【收势】

同“虚步桩”。

【要领】

龙爪掌，手指稍用力，如抓物。上掌高于头，掌心向前；下掌在腰侧，掌心向下。

图 75

【功理】

“龙形桩”属于“虚步桩”类型。二者步型相同而掌型不同。“虚步桩”两掌前后相错，掌心向下，采地气以补阴。而“龙形状”却一只掌在上，掌心向前，另一只掌在下，掌心向下，分别吸纳天地之气，以补自身之阴阳，促进身体健康，所以二者有别。

五、童子拜观音

【起势】同前。

【功法】

右掌上拳，当与正中线构成45° 角时，翻掌向下，两掌由体侧缓慢抬过头。在头上方两手合十。

合十的两手从头部沿正中线缓慢下移至胸前。指尖向上，中指尖不超过眼睛，大拇指对准鼻尖。同时使两脚跟靠拢，屈膝下蹲，大、小腿夹角约90° （图76~图78）。

图 76

图 77

图 78

【收势】

两腿伸直立起，两掌放在体侧，在腹前十指相对，向上捧气，至天突穴，翻掌向下，移至腹部。向上捧气时，用鼻徐徐吸气；向下移掌时，用口徐徐呼气。反复3次。

【要领】

双手指尖相触，掌心相距5厘米。上体保持正直；两腿两脚靠拢，下蹲时，要使大腿与小腿夹角成90°。

【功理】

“童子拜观音”两腿、两脚靠拢，从形式上看，这个功法没有难度。因为两腿可以互相支持，分担体重，容易维持平衡；两手合十同样可以互相调整。但实际上却恰恰相反。两腿、两脚靠拢，使重心落两脚，两腿与两脚内侧肌如伸拇肌、屈拇肌、胫骨长肌、股内收长肌，受到压力以后，肌肉收缩力强，使两腿难合难分，难于坚持。一定负荷的刺激，使足太阴脾经、足少阴肾经、足厥阴肝经受到较持久而强烈的锻炼。两手合十虽然没有什么强度，但处于静态之中。持续的手三阴、手三阳经脉的交结，经气做了充分交流、补充、引发，所以经络的阻滞状况得到了改善，身体得以强健。但持续的时间较长肌肉易疲劳，不容易坚持到底。

六、顶天立地

【起势】同前。

【功法】

基本上与本章第二节中一字桩的功法相同，但掌指有变化，即上掌仍为仰掌，下掌变仰掌为俯掌（掌心向下），放在腿侧的髀关穴部位（图79~图81）。

【换式】同前。

【收势】同前。

图 79

图 80

图 81

【要领】

两脚分开，脚尖分向左、右前方，且在同一条直线上。大腿与小腿夹角应尽量达90°，呼吸自然。

【功理】

顶天立地式虽难度与强度大但功效高。功效产生于强度。当练功不久便有难于坚持之感时，要坚持下去。坚持就会有功效。顶天立地式的步型与本章第二节中“一字桩”相同。唯下掌动作发生了变化。两掌一上一下，上者为阳，下者为阴。从祖国医学的阴阳五行论上说，上掌采天之气，下掌纳地之气，使体内阴阳平衡。掌心向上为升，使气机向上；掌心向下为降，使气机下行。气机通顺，充盈灌注。

七、手指扳指功法（三）

手指扳指功法在马步站桩的基础上进行练习，即马步站桩5分钟后开始扳指。

手指扳指功法（三）即第三套扳指功法的顺序与次数：

第一，拇指扳动5次；

第二，中指扳动3次；

第三，小指扳动7次；

第四，食指扳动9次；

第五，中指与无名指同扳3次。

【注意事项】同前。

【功理】同前。

八、禅坐

禅坐是练功的高层次的养气功法，属于“内劲一指禅”功法中的静功范畴，是意志的训练；练功到一定阶段才可以修炼禅坐，否则，功效不明显。

【功法】

（1）禅坐前的准备

静室为准，卧室为宜。选一静处，窗门敞开，以保证空气清新、流通，但有风处不适合禅坐，特别要避开穿堂风。自备松软坐垫以便久坐。入坐前要宽衣松带，全身放松。冬季要注意防寒，盖好两腿以免膝部受凉。头要正，身要直，但要注意自然放松。

（2）禅坐姿势

第一，双盘。男子把左脚放在右大腿上，再把右脚搬到左大腿上（女子把右脚放在左大腿上，再把左腿放在右大腿上，即男左女右），使两脚交叉，脚心向上（图82~84）。

图 82

图 83

图 84

两手手心朝天，放于膝盖上方（图82）。姿势2：两手在胸前合十，两劳宫穴相距5厘米，十指相抵，中指不超过鼻尖（图83）。姿势3：两手相集，拇指相距约3厘米，放于下丹田（图84）。两眼微闭，舌抵上腭，或似闭非闭，全身放松。呼吸方法有两种：第一，自然呼吸，眼观鼻，鼻向心，心守神（丹田），任其自然；第二，配合呼吸，用鼻徐徐吸气入下丹田，停3秒钟，用口吐气，停3秒钟。

第二，单盘：把右脚放在左腿上（男左女右）。其他如双盘。

第三，散盘：也称自由盘坐，即两脚交叉而坐，不必盘上，其他如双盘。

（3）禅坐时间

现在强身健体，一般不按子午流注规律禅坐。早晚或白天都可以静坐。工作人员当以静坐早晨起床后和晚上就寝前各一次为宜。一日1次者应选早晨。

练功时间每次从30分钟开始，逐渐延至40分钟至1小时。要不间断，循序渐进。

【注意事项】

（1）环境要幽静，室内清新，避免穿堂风和雷雨天。

（2）要在宽松状态中禅坐。宽衣松带，解除大、小便。暴怒大惊、烦躁不安、过量饮酒时，不宜练功。

（3）要调节饮食和睡眠。练功人应微有饱感，饭后1个小时方可入坐。要有充足的睡眠时间，每日8个小时为宜，所谓食居有常。

（4）不能急于求成，要任其自然。禅坐必须日积月累才能达到一定境界，才能收到身心变化的功效，所以必须耐心以求，持之以恒。

（5）要松静自然。舌抵上腭，两眼微垂，似闭非闭，头正颈直，下颏微收，气息调和。使耳与肩对，鼻与脐对，上下肢要放松。

（6）要坚持与忍耐。入坐后体温较平时高，有微汗，这是血液畅通的现象。脚腿酸麻是气血不通造成的，要坚持要忍耐。久而久之，必有适应之时。要缓缓咽下口中津液，使之进入丹田。

（7）注意房事，节制性生活。

第四章

内劲一指禅功法练习的医务监督和常见问题解答

第一节　内劲一指禅功法练习的医务监督

内劲一指禅功法练习的医务监督，是指运用医学、卫生学的内容和手段，对内劲一指禅功法练习者的练习过程前、中、后进行指导检查和评价时所采用的各种方法与措施。其目的是为了更好地了解练习者的身体健康状况以及身体功能对内劲一指禅功法练习的反应和适应情况，并使各种安全、卫生措施得以实施，有效地防止运动性伤病的发生，以达到增进健康、增强体质和获得功法练习效果的目的。

一、建立个人练习和健康档案

建立个人练习和健康档案，是为系统地了解内劲一指禅功法练习者在不同时期和不同练习环境下的身体状况与身体反应，一般由以下内容组成：即个人练习日志和既往病史。

1. 个人练习日志

表1 内劲一指禅个人练习日志表

栏目	内容填写和选择打勾											
练功日期												
练功累计时间（天）												
当天的晨脉数												
自我评估等级	良好	一般	不好	良好	一般	不好	良好	一般	不好	良好	一般	不好
练功自我总体感觉												
当天睡眠情况												
当天饮食情况												
练功时的情绪反应												
练功时的出汗情况												
练功后的肌肉酸痛感												

2. 既往病史

①个人病史，即本人所患过的疾病名称、发病时间及愈后情况、有无药物过敏史等内容。

②家族病史，即直系亲属中有无心脏病史、高血压病史，以及其他一些与遗传有关疾病的病史等。

3. 体质评估报告

体质评估报告是借助某些体育学仪器对相关体质指标进行测试后而给出综合评价报告。它有助于对练功前后的体质情况进行比较和监测。通常包括以下内容：

第一，体质指标测试和综合评价。体质指标通常选取形态（身高、标准体重）；机能（肺活量）；素质（握力、坐位体前屈、闭眼单脚站立、选择反应时）。

第二，脊柱机能测试和综合评价。主要有单项评估；脊柱形态分析；脊柱健康风险分析等内容。

第三，血管机能测试和综合评价。包括基本指标、血管弹性、血管阻塞程度等内容。

第四，骨密度测试和综合评价。

二、自我监测的常用指标与方法

在内劲一指禅功法练习的医务监督中，练习者的自我监测具有重要的意义。它主要是要求在功法练习的过程中，练习者能够用简单易行的医学手段，经常注意检查、观察和评价自己的身体状况与练习效果。

1. 主观指标

第一，感觉。包括正常感觉和非正常感觉两种。其中，正常感觉的表现是：练习后疲劳消除快，机能恢复也较快，精神饱满，全身无不适感觉。非正常感觉是：练习后常出现四肢无力、头痛、恶心、心前区和上腹部疼痛等症状，这是健康状况不好、动作错误，或练习过度的表现。

第二，情绪。正常情绪应该是渴望每天的功法练习，而且练习时心情愉快。如果出现不想练功，或者将每天的练功当作是一种心理负担时，说明身体状况不好，应当注意调整。

第三，睡眠。睡眠情况可以反映练功的状态和效果。入睡快、睡得深，不做或很少做梦，睡醒后精神良好，全身有力，说明练功的状态和效果较好；反之，入睡难，睡得浅，或失眠、多梦，睡醒后感到疲劳且嗜睡，说明练功的状态和效果较差。

第四，食欲。练功后通常应是食欲良好，且进食量大；如果练功后不思饮食，食量减少，甚至出现一段时间内不能恢复正常饮食的状况，说明胃肠消化和吸收功能下降，可能与身体健康状况不好或练功的状态和效果较差有关。

第五，排汗情况。练功时，由于人体代谢水平提高，产热较多，所以排汗成了一种重要的散热方式。人体排汗量受练功时间的长短以及外在环境和温度、湿度的影响，但是在同等条件下的排汗量多少，也是可以反映练功状态和效果好坏的。

2. 客观指标

第一，脉率。脉率变化，特别是晨间脉率的变化，对判断身体机能状态与健康水平有着很重要的意义，且简单易行，易于掌握。在自我监测过程中，需要注意频率的变化和节律的变化。健康人的心率正常范围在每分钟60 ~ 100次之间。如果发现脉博跳动节律不齐或有间歇性的停跳现象，应作具体分析。如果仅仅是间歇或出现不规则的时快时慢，可能是呼吸性心律不齐的表现，是正常的生理现象。另外，还有一种期前收缩的现象，它也可能发生在正常人之中。如果节律不齐且总不消失或反而增多时，多数是功能不良的反应，应及时查明原因，以防练功不当或疾病的发生。晨脉的测量应在早晨起床前进行，具体方法是仰卧测30秒脉搏数乘以2，即为每分钟脉率，且误差较小。

第二，体重。练功过程中人的体重有一定的变化规律。通常是练功初期，由于体内储存的脂肪和多余的水分被消耗掉而引起体重下降。经过一段时间的练习后，随着肌肉质量的提升，体重开始逐渐恢复和增加，直到保持在相应的水平上。如果练功过程中体重出现“进行性下降”现象，则应该引起注意，警惕慢性消耗性疾病的发生。体重的自我监测可每半个月一次，注意每次测定应安排在同样的时间段进行，从而便于比较。

第三，肺活量。通过肺活量的变化，可以在一定程度上了解练功的状态和效果，因为这是反映呼吸功能的重要生理指标。通常是呼吸功能良好，则肺活量增大或维持在较高水平上；反之，则可能表现为肺活量持续下降。

三、内劲一指禅功法的应用

长练此功能祛病强身，抗衰老，使人精力充沛，增强记忆力，从而达到延年益寿的目的，而且还能开发人的智力和潜能。此功尤其在祛病强身方面效果显著。我们通过多年的实践证明，久练此功法可对下述疾病有防治效果。

1. 呼吸系统常见疾病

感冒、哮喘、气管炎、肺气肿、肺结核、硅肺、支气管扩张等。

2. 消化系统常见疾病

胃下垂、胃溃疡、慢性胃炎、萎缩性胃炎、胃窦炎、胃神经官能症、胃酸过多、慢性肝炎、胆石症、胆囊炎、便秘、慢性腹泻、消化不良等。

3. 血液循环系统常见疾病

高血压病、风湿性心脏病、心律失常、冠心病、血小板减少、白细胞减少、半身不遂、血栓闭塞性脉管炎、贫血、低血压病及其他血液病等。

4. 泌尿生殖系统常见疾病

慢性肾炎、肾盂肾炎、肾结石、遗精、阳痿、痛经（月经痛）、月经不调、子宫脱垂、腹腱炎、男女不育症、前列腺炎、肾结核等。

5. 神经内分泌系统常见疾病

神经衰弱、失眠、头昏、肋间神经痛、神经麻痹、头痛、坐骨神经痛、神经官能症、宗气虚弱、面神经瘫痪、糖尿病、甲肝病、乙肝病、黄疸性肝炎、肝炎、甲亢、更年期综合征等。

6. 外科常见疾病

肩周炎、关节炎、风湿病、乳腺炎、扭伤、肿瘤、冻疮、颈椎病、胸椎病、腰椎病、痔疮、骨质增生、腰椎间盘突出、腰肌劳损、胸膜炎、慢性阑尾炎、外伤疾病等。

7. 皮肤科常见疾病

体表囊肿、硬皮症、牛皮癣等各类癣病、过敏性皮炎及各类痒病、皮肤松弛等。

8. 其他常见疾病

假性近视、青光眼、老花眼、散光眼、鼻炎、鼻窦炎、咽炎、神经性耳聋、耳鸣等。

上述病症中以高血压病、消化系统疾病、关节炎、神经衰弱、呼吸系统等常见慢性病疗效最好。精神病患者，如癫痫、癔病等不宜练此功法。

通过练功能延缓肌肉衰老，保持肌肉的正常张力，能使皮肤获得较多的营养，从而使人皮肤有光泽、有弹性、细嫩、红润、脸上皱纹减少。

通过练功还能起到补肾的作用，使人底气足，精、气、神、力合一，全身机能好。对性、肾方面的疾病和功能的治疗与恢复效果明显。长练此功，使人浑身有劲、精力充沛、心明眼亮。

第二节　内劲一指禅功法练习常见问题解答

在内劲一指禅功法练习的过程中，人们总会碰到各种各样的问题。因此，我们在搜集整理的基础上，就以下一些通常会遇到的问题作出解答。

一、何谓练功的四个过程和三个阶段

1. 四个过程

凡是练过内劲一指禅功法的人，一般都要经历怀疑、入门、动摇、坚持四个过程。这是诸多练功人开始时经常会出现的疑惑。从练功学习的角度看，这也是正常的心理反应过程。

第一，怀疑。人们在听了功法、功理的讲解、看过书籍之后，认为内劲一指禅太神奇，于是产生“王婆卖瓜”的疑虑：“不意守、不入静、就能健身祛病？”在半信半疑之中，开始了马步站桩。从此，揭开了生活的新篇章。

第二，入门。经过马步站桩的锻炼，并且开始了内劲一指禅功法（初级）的部分桩架的锻炼。一方面，练功之后身体感到舒适，并且贪吃贪睡。练功人从疑虑中走出来，开始并且继续改善着自己的健康状况。但是，另一方面，由于站桩太辛苦，所以产生了动摇。

第三，动摇。练内劲一指禅功法，必须首练站桩。站桩，除了头部的活动和眼睛的转动，其他部位是不需要运动的。由此产生腿疼、臂酸、腰疼、多汗。这种情况往往使得练功者产生知难而退的想法。此时授课老师会反复做练功人的思想工作：“7天是短暂的，很快就会过去，那时你会适应，也会感受到身心愉快。”

第四，坚持。坚持，在内劲一指禅功法中也叫“向7天进发”。即通过锻炼，下肢适应了功法的强度，并且反应在生理上的变化是饮食增加，睡眠香沉，走路轻快。难与易是对立统一的；汗虽苦涩但产生身心愉悦。七天的坚持非常重要。

2. 三个阶段

经过长期的实际练习观察，我们发现练习内劲一指禅功法对病、弱者来说，通常会经历以下三个阶段，即适应阶段、康复阶段、强身健壮阶段。

第一，适应阶段。由于体力较弱而功法的强度较大，大腿会疼痛、颤抖以致难以忍受。功法要领的掌握，需要一定的时间，需要不断摸索，逐步运用。这个阶段会出现某些不适，只要坚持不断地练功，不断地“感悟”，那些不适之感终究会在你身上消失。它是练功的结果。

一般人在从事新工种的体力劳动时，或运动员从事新项目的运动时，都要用一周的时间通过“痛苦关”的摔打。练内劲一指禅功法也必须通过这一关。由于各人的情况差别，所以反应也不同。这个阶段要坚定信心，百折不挠。

第二，康复阶段。经过一段时间的练功，体内产生一定的能量——内气，出现身体发热、皮肤红润、手部麻胀等感觉，身体状况开始好转。这个阶段持续的时间较长，情况不一。

这个阶段可能出现异常反应：身体状况变差，既往症状，可能重现加重的现象。例如，血压不稳定，肝胀、胸闷等。这是经气到达某个部位时，不能顺利通过而产生的现象。传统医学认为：不通则痛，通则不痛。只要坚持锻炼，这种现象会自然消失，身体会更健壮。

第三，强身健壮阶段。练功使健康状况逐渐好转，机体完全可以承担正常的生理机能，各组织器官运转正常，所以精神饱满，精力充沛，记忆力不减当年。此时，身体已经健壮。

二、如何做好练功前的准备和安排好练功时间

1. 做好练功前的准备

练功前做好应有的准备，有利于练功的顺利进行。它包括：第一，思想准备，要稳定情绪。第二，选择较幽静的环境。无论室内、室外，光线都不要太强，空气要清新流通，如果有花草树木则更佳，但要避免直接受风刺激，以免受凉感冒。第三，练功场地应避免出现剧烈声响。应避开电视塔、高压线等，以免发生互感现象损害身体。第四，宽衣松带，除去身上硬物，如手表、眼镜等。第五，清晨练功前，应喝杯牛奶或开水，既可解除咽喉的干燥以及胃部的空虚感，又可补充体内的水分，以防止练功中大量出汗所引起的缺水现象。冬季在室外练功时，由于气温低、气血不易发动，所以，练功前可以喝杯调入葡萄糖的牛奶，喝点人参蜂皇浆或糖水，以补充热能。第六，排净大小便。

2. 练功时间的安排

古人按12个时辰安排练功时间。适应生活节奏的练功，宜选择早、午、晚的饭前饭后半小时以外的时间进行，做到劳逸结合。

练功的第一周从起势到站桩以至收势，以10~30分钟为宜。第2~3周，以20~40分钟为宜。第4~5周，以30~45分钟为宜。第6~7周，则以45~60分钟为宜。

三、其他问题问答

1. 正确对待师父

“师者，所以传道，授业，解惑也。”师父传授的功理、功法是对能量信息的传递与交换。教过功法的人、对身体的健康产生过作用的人皆为师。练功人要随时悟出所发生的刺激，所产生的机能变化，以便形成特殊的效应。所以，要注意克服练功中出现的急于求成的想法。功夫要会而不用，或少用，或慎用，使功夫渐渐长进。

2. 关于换桩问题

目前，内劲一指禅已经公开了26个桩架，三套手指扳动功法。如果每次都从头到尾练一遍，从时间与人的体力上都不可能做到，或者每次练几个桩架，同样不是最佳方案，因为不利于提高功力。

初学者，最好一天一次，一个桩架，逐步掌握每个桩架的要领。在这个基础上，重点练几个桩架，如马步站桩、弓步桩、虚步桩、一字桩等。每个桩架按每天练功两个小时，至少练一个月才能改换其他桩架。至于扳指，要一个月一次，每次一周，循环反复，就会达到目的。

3. 患者练功问题

肺结核及其他传染病患者可以练内劲一指禅。它对这类疾病有一定的辅助治疗作用。因此这类疾病的患者可以单独练功，但要适度。

4. 抽动及蚁走感

练功过程中出现抽动、蚁走感是内气在经络内运行所引起的正常现象。练功可以使人的清阳上升，浊阴下降。所以头脑清醒，精力充沛。

5. 头晕与胸闷

在练功中出现头晕与胸闷，是由于颈部或腰部紧张引起的。上肢处于紧张状态，使气血向头部集中，也会引起头晕。在练功中胡思乱想，头脑中出现一些不愉快的事情，收功后就会感到头昏脑胀。在练功中动作的节奏时快时慢，或者低头，使头血上涌，便造成头晕。如果呼吸的配合不得要领，或者动作要领掌握不全面，往往会造成胸闷。

如果出现头晕或胸闷的现象，应该认真检查，找出原因，以便纠正。

6. 气感的强弱

气功态中气感的强弱，受时间、地点、环境、气温、饮食与情绪等多方面的影响。时间的变化，会使气感出现从产生到明显的过程。过一段时间以后，出现或没有气感或较以前减弱等现象。不停地练功才会有进步。

7. 虚恭现象

马步站桩出现虚恭（排气），是正常现象，但切不可用力排气，以防精气走失，出现鹊漏。

8. 关于“偏”

练功中出现偏差，首先要认真学习、领会功理，从理论上去纠正偏差。其次要稳定情绪，不要发怒、忧愁、过虑、悲伤、恐惧，要控制情欲。要把握住“顺其自然”的原则，不要自我控制。纠偏方法有二：一是自我纠偏，心平气和，引气向下，停止练功，顺气理气，点穴通经；二是请功底深厚的施功者协助，纠正偏差。

练功人平时要养成心平气和的性格，保持恬淡、谦虚的性情，团结他人，忍让别人，严格要求自己，防止偏差的出现。

9. 收势

收势动作决定练功效果，并且可以避免偏差。所以一定要做好收势动作，提高功力。

10. 自发功问题

自发功是外在性的。对此，内劲一指禅一不主张，二不提倡。自发功消耗人体内大量的能量，很难冲开某些关窍。内气运行受阻，谈何功效？

11. 子午流注

按时间来说，子即子时，深夜23时至1时，午即午时，中午11时至13时。按农历来说，子是冬至，即11月；午是夏至，相当于5月。按气候来说，子时寒，午时热。对人来说，人体的气血循环是有节律的，随着时间的变化，出现经脉内气血的盛衰，经穴的开合，开时气血盛，合时气血衰。子午流注认为，十二经脉气血流注的规律是：子时（夜间11～1时）气脉流行胆经；丑时（夜间1～3时）气脉流行肝经；寅时（晨间3～5时）气脉流行肺经；卯时（早晨5～7时）气脉流行大肠经；辰时（上午7～9时）气脉流行胃经；巳时（上午9～11时）气脉流行脾经；午时（中午11～1时）气脉流行心经；未时（下午1～3时）气脉流行小肠经；申时（下午3～5时）气脉流行膀胱经；酉时（下午5～7时）气脉流行肾经；戌时（夜间7～9时）气脉流行心包经；亥时（夜间9～11时）气脉流行三焦经。循环反复。

附录一

内劲一指禅养生保健功法效果个案举例

1. 乙肝案例

我叫韩某，是一位母婴遗传的乙肝患者，在上高中的时候检查出来，在2010年以前身体都是健康的。乙肝患者不能饮酒，不能做劳动强度大的工作，也不能生气上火。但因2010年工作调动，来苏州市做销售工作，因工作时间不固定、压力大、经常应酬，每天工作12个小时，身体状况变得很差，身体很疲倦、乏力，睡一觉也感觉很累，转氨酶升高到200多，乙肝犯病。期间也经过一段时间的西药治疗，但是效果不好。

我听舅舅说练习气功可以调整身体，于是2012年在网上查到了阙老师的相关信息后欣喜若狂，并立马联络阙老师，随后前去学功。阙师态度和蔼，为人和善，一点架子也没有。记得第一天学功，阙老师就对我说："小韩，乙肝不可怕，站桩会慢慢改善体质，身体免疫强了，病自然而然会好，所以要有信心。本门功法虽然好练，但一定要有毅力，要吃得了苦！"因体质很差，第一次在阙老师家站高桩20分钟后，腿抖得很厉害，也流了很多汗，上衣全湿。在开车回家的路上，身体感觉很累、很困倦，没办法只有停车在路边先睡一觉，勉强休息好之后再回去。

一开始站的是高桩，以养气为主，每天站桩20分钟左右，经过一段时间站桩练习，过了身体的疲劳期之后，站的时间也更久了，可以站40~50分钟，每次站桩时挥汗如雨，收功后神清气爽，越发的感觉站桩的舒服自在。但是师父还是和我说："小韩，因为你这病不能劳累，不要刻意像其他的师兄弟那样站得很低，站得时间长，这样反而会影响身子，站桩主要以感觉身体舒服为主，要循序渐进。也可以吃中药同站桩一同调理，这样效果会更好。"因为离师父家不远，可以经常同附近的师兄弟们一起去师父家聚会，请师父帮忙指正桩位姿势动作，不断改正自己的姿势，因师父家气场很强，每次站桩感觉格外强烈。因工作的关系，不能每天都按时练功，会有偷懒的念头，但是想到师父殷切的目光和其他师兄弟汗流浃背练功的情形，自己就不敢偷懒，一定要坚持下去。

本门功法虽然简单，但是需要极大的毅力！虽然现在工作还是像以前一样繁忙每天工作10多个小时，但是站桩两年来，身体相比之前也有很大的改善，越发地感觉身体轻松自在，现在肝功能都已恢复正常，精神头和气色也好多了，相信不久之后一定会调整好自己的身体，也一定会战胜乙肝。在这里由衷地感谢祖师爷将这门宝贵的功法传授下来，感谢师父不遗余力地推广与传授教导，让本人受益匪浅！作为弟子的我一定会认真地学习本门功法并推广下去，能让更多的人学习原汁原味的少林内劲一指禅，让更多的人终身受益！

在此，祝福师父、师母身体健康，幸福快乐！

2. 强直性脊柱炎案例

马先生是一位土生土长的青海人。2002年，他被查出患有强直性脊柱炎。患病时反复发低烧，大腿两侧异常疼痛。面对这样的恶病，他陷入了绝望的地步。家人和亲朋好友，纷纷劝他不要放弃生活的信念，有的建议他试试气功，“死马当活马医”。马先生很幸运，他有缘结识了阙巧生老师。他奔波千里，带病从青海省赶到苏州市请阙老师治病。经过一段时间的治疗，马先生腿部的疼痛感明显减轻，脊柱僵硬的感觉也没有了，走起路来基本恢复如常。马先生现已结婚生子，他说：“我的病已基本康复，感谢阙巧生老师，跟阙巧生老师练习原汁原味的少林内劲一指禅真受益啊。”

3. 红斑狼疮干燥综合征案例

李女士患有红斑狼疮干燥综合征已有4年，为治病她没少吃苦头，后来只能依靠注射激素和免疫抑制剂控制疾情，身体抵抗力越来越差。有一次，当她从电视上看到了阙巧生老师治疗很多疑难杂症的新闻后，内心升起了希望。随后，她便找到阙巧生就医问诊。阙巧生经过仔细询问和查看病情后，先帮她调气，后教了她几套站桩功法。接下来，令人神奇的事发生了。经过一段时间治疗，李女士的红斑狼疮干燥综合征基本消失了，无不适感，身体抵抗力较过去有很大地提高。

4. 陈先生练功体会

我是从2013年6月9日开始站桩的，下面我说说我的站桩体会。

我原先有慢性腹泻，每天至少5次，而且从来都是不成形的，每天早上起床就要拉一次，每次吃完早、中、晚饭，放下饭碗必上卫生间。这样的情况持续了大概有十七八年，但是除此之外，身体并无不适，所以我也没有太当一回事，但是这样肯定是不正常的，我为此饱受困扰，但是束手无策。在我站桩到7个月的时候，我这个毛病突然一下子好了。现在我大便次数基本正常了，而且只要不是胡吃乱喝，大多数时候都是成形的。

第二个体会是，我的膝关节因为以前运动比较多，有点受损，走路经常响，有时候会一下子“别住”，尤其是一到冬天，下楼梯就比较困难，必须是一步一步挪下来的，没办法一口气连续地往下走。一开始站桩的时候，我也担心过，站桩会不会把膝盖站坏啊？事实证明，我的担心是多余，站桩两年以后，不仅我的膝盖没有站坏，相反，我现在冬天下楼梯也很利索了，膝盖只是偶尔会响，反正是比以前好多了。我现在有一个微信公众号，名字叫做“有桩则灵”。我最近写了一篇《站桩是护膝良药》，里面讲了一个道理，“站桩就是在给膝关节注入润滑液，所以站桩是保护膝盖的”。

第三个体会，我前几年体检，心电图显示“左心室高电压”。我咨询了医生，医生说，“左心室高电压”是左心室肥大或扩张诊断标准中不可缺少的条件，一般是由高血压引起的。我们单位以前是两年一次体检，现在是一年一次。我站桩两年以后有过一次体检，左心室肥大并没有改变，但是2016年9月的那次体检，我的心电图显示是正常的。左心室肥大，在西医看来是不可逆转的，但是站桩居然就站好了。我以前也在网上看到过类似的情况，有一位练内劲一指禅的功友，也是通过站桩治好了左心室肥大。所以我认为，这个不是个例，站桩是可以逆转、改善左心室肥大的（附图1、附图2）。

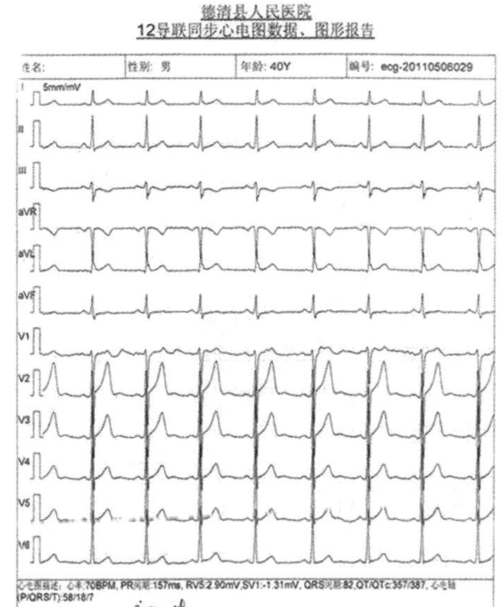

附图1

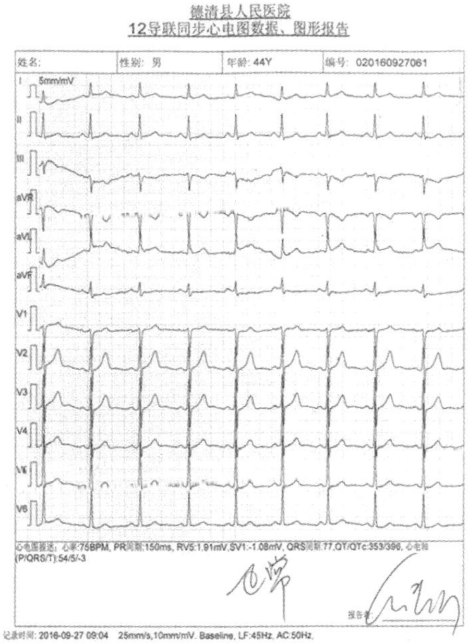

附图2

我现在对站桩很有信心，我相信如果继续练下去，那么一定还会有更大的、更多的收获。

5. 刘先生练习“内劲一指禅”体会

我生于1968年是一名公务员。2014年8月，我因长期轻微咳嗽久治不愈住院，确诊为支气管扩张。

发病后身体免疫力急剧下降，呼吸感觉困难，特别是运动时感觉气短，易出汗，基本不能运动。到2016年1月，先后五次住院治疗，每次住院天数10~20天不等，发病后体重由75公斤上升到84公斤。当地医院和西安大医院的医生都建议切除发生病变的左肺下叶 。

在此情况下，我于2016年3月27日来到苏州市渭塘镇寻找到阙巧生老师学习“内劲一指禅”。3月28日下午开始练习，在阙老师家总共练习7天，感觉变化比较大。刚到时脸色暗黄，全身乏力，情绪低落; 7天后，脸色即有所变化，心情好转。

我开始练习时反应比较大，双脚双腿抖动，持续时间或十几分钟，或者一两个小时，有时双手也有抖动或摆动，抖动剧烈时有跳跃拍手情况出现。练功一个月后我参加单位户外运动，就能步行12公里。从苏州市回来后我每天坚持练功，有30和40分钟各一次以外，别的每天坚持一小时以上，有时达到两小时以上。

在坚持练功后我的身体情况有所好转。

第一，感到睡眠质量好了，我过去每天睡眠只有三四个小时，一般晚上11点入睡，凌晨2点左右醒来，基本不再入睡，午休一般不超过10分钟。练功后11点入目垂，一般6点醒来，午休也能保持在30分钟左右。

第二，免疫力比过去感觉增强，发病后怕冷怕风怕粉尘，稍不注意就感到呼吸困难， 练功后比过去有一定程度好转 。 练功期间因两次在野外长时间工作原因导致发病， 有少量痰液，但无需住院治疗。

第三，医学检查指标看总体趋势变好，CT结果显示左肺下叶支气管扩张并感染变化不大， 但双肺其他部位显示正常；呼吸功能检查，一秒用力呼吸容积由70.44下降到66.07， 表现不佳，但总肺活量 FVC由81.8上升到87.4。

第四，体重下降，体重从发病后84公斤下降到77. 5公斤， 脸色看不出是个慢性病患者 。

从 CT报告（附图3）看， 情况有所好转；从呼吸功能检查结果看， 指标下降，情况也有所好转。 从个人感受来说， 练功以来获益匪浅 。 支气管扩张这个病不可逆， 即不可能恢复到正常人那样， 但是通过练习，提高免疫力，不再反复发作感染，能正常工作， 正常生活， 就是最大的收获。

2016年8月22日

杨凌示范区医院16排CT检查报告单

检查号: 144181

姓　　名:　　　　性　　别: 男　　　　年　　龄: 49岁
门 诊 号:　　　　住 院 号:　　　　床　　号:
科　　别: 体检中心(门)　申请医生: 王淞　　　检查时间: 2017-08-08 09:37:08

检查部位: 胸部(平扫)

检查所见:

胸廓对称，左下胸膜增厚。左下叶肺纹理增粗增重，支气管扩张、壁增厚。余双肺纹理走行自然。双肺门结构清晰，无缩小及扩大改变。纵隔居中，气管及左右主支气管通畅，血管影显示清晰，走行自然。纵隔内未发现增大淋巴结影。

诊断意见:

1. 左下胸膜增厚
2. 左下叶支气管扩张，纤维灶

报告时间: 2017-08-08 10:53:24　　报告医师: 巩宁　　　审核医生: 董志坚

此报告只反映当时检查情况，仅供临床参考，需医生签字后生效

附图3

6. 张先生练功体会

我是新疆人，2010年查出得了糖尿病，空腹血糖高达19点多，吃药住院治疗效果不好，血糖高低反复。于2015年开始练习少林内劲一指禅，刚开始3个月就有明显好转，血糖从19降到8点多。半年以后基本就恢复正常了，一直到现在不打针不吃药糖尿病的症状基本消失了，非常感谢师父的内劲一指禅（附图4）。

2017年2月3日

库尔勒市解放军第二七三医院检验报告单　　标本号：221

姓名：　病人类型：　床号：　检验日期：2015/08/13
性别：　住院号：　标本类型：血清　采样时间：2015/08/13 12:49
年龄：　岁　科室：门诊　诊断：　备注：

代号	项目	结果	参考值	代号	项目	结果	参考值
TBIL	总胆红素	11.30	0--18 umol/L	HDL	高密度脂蛋白	1.24	1.2--2.8 mmol/L
DBIL	直接胆红素	5.32	0--6 umol/L	LDL	低密度脂蛋白	3.85↑	1.5--3.8 mmol/L
TP	总蛋白	77.15	血清：60-80 g/L 胸水：0-30	K	钾	4.13	3.5--5.5 mmol/L
				NA	钠	144	135--145 mmol/L
ALB	白蛋白	50.08	35--55 g/L	CL	氯	102	血96--108 mmol/L
GLO	球蛋白	27.07	20--40 g/L	CA	钙	2.5	2.1--2.7 mmol/L
ALT	谷丙转氨酶	23	0--40 U/L				
AST	谷草转氨酶	15	0--40 U/L				
ALP	碱性磷酸酶	81	15--115 U/L				
GGT	谷氨酰氨转移酶	52.60	0--55 U/L				
TBA	总胆汁酸	1.51	0--20 umol/L				
CK	肌酸激酶	60	25--225 U/L				
CKMB	肌酸激酶同功酶	11	1--25 U/L				
LDH	乳酸脱氢酶	268↑	109--225 U/L				
HBDH	a-羟丁酸	199.2	95--250 U/L				
AMS	淀粉酶	53	血清：0--115 U/L 尿：0--600				
GLU	葡萄糖	19.0↑	血3.9--6.3 mmol/L				
BUN	尿素	3.30	2.2--7.2 mmol/L				
CREA	肌酐	94.0	血清22--120 umol/L 尿2550--22325				
UA	尿酸	177.9	135--440 umol/l				
CHOL	总胆固醇	5.56↑	0--5.2 mmol/L				
TG	甘油三酯	2.58↑	0.3--1.8 mmol/l				

送检日期：2015/08/13　送检医生：　报告日期：2015/08/13　检验员：[illegible]　复核员：

库尔勒市解放军第二七三医院检验报告单　　标本号：161

姓名：　病人类型：　床号：　检验日期：2015/10/13
性别：男　住院号：　标本类型：血清　采样时间：2015/10/13 12:05
年龄：　岁　科室：门诊　诊断：　备注：

代号	项目	结果	参考值	代号	项目	结果	参考值
GLU	葡萄糖	8.71	血3.9--6.3 mmol/L				
CHOL	总胆固醇	4.66	0--5.2 mmol/L				
TG	甘油三酯	2.07↑	0.3--1.8 mmol/L				
HDL	高密度脂蛋白	1.08↓	1.2--2.8 mmol/L				
LDL	低密度脂蛋白	3.31	1.5--3.8 mmol/L				

送检日期：2015/10/13　送检医生：　报告日期：2015/10/13　检验员：[illegible]　复核员：

附图4

7. 孙某某练功记录

孙某某为克罗恩病患者，后坚持练习内劲一指禅产生了积极的效果，以下是孙某某每次练习内劲一指禅后的体会。信息节选自苏州市立医院北区关于克罗恩疾病的实证研究。

第1天　1个小时

白天练习半个小时，晚上练习半小时。晚上练完后身体出汗，虽然很累，但感觉蛮好的。

第2天　站桩1个小时

早晨7:11 ~ 7:41练习半个小时，晚上20:00 ~ 20:30练习半个小时。练完后两膝膝盖痛，但过后能自行恢复。但左臀感觉有点酸痛，不知是正常情况还是姿势不对造成的。

第3天　1个小时

早晨6:20 ~ 6:50，晚上7:50 ~ 8:20，晚上最后15分钟明显出汗了。三环聚气要阙老师再多加指点，感觉动作不对。

第4天 1个小时

早晨6:58 ~ 7:28练习半个小时，晚上7:48 ~ 8:18练习半个小时。基本上练习15分钟后会感觉热，晚上出汗比早晨多，比刚练的时候轻松很多。

第5天 1个小时8分钟

早晨6:58 ~ 7:32练习34分钟，晚上19:58 ~ 20:36练习34分钟。早晨练到结束时腿稍微有点发抖；晚上边看电视边练功，感觉时间过得快。

第6天 1个小时

早晨7:15 ~ 7:45练习半个小时，晚上7:45 ~ 8:15练习半个小时，这是站桩时间。练完后，人比较精神，练功的过程也比以前轻松。晚上在荷塘边练的，空气很好，能闻到淡淡的荷花香。

第7天 1个小时

早晨7:15 ~ 7:45练习半个小时，晚上20:42 ~ 21:12练习半个小时。下午出去走了走，有点累，但晚上练完后精神比较好。

第8天　1个小时10分钟

上午9:25 ~ 10:05练习40分钟，下午跟老师一起练了半个小时。姿势经老师纠正后，感觉练完胳膊和颈椎酸疼，但没多久就好了。

第9天　1个小时

早晨7:05 ~ 7:35练习半个小时，晚上8:20 ~ 8:50练习半个小时，共站桩1个小时。今天可能是天气的原因，比较困乏，晚上练完后舒服很多，又有精神了。

……

第190天　2个小时

早晨练习了30分钟，下午练习了90分钟。左腰疼得厉害，估计是气冲病灶。

第191天　1.5个小时

早晚各练习45分钟，练完后，感觉身体很舒服，腰疼有好转，不那么痛了。

第192天 45分钟

早晨站桩45分钟，今天肚子很不舒服，晚上很困，就早点休息了。

第193天 1.5个小时

早晚各站桩45分钟，晚上站桩微微出汗，很舒服。腰已经好很多了。

第194天 1个小时

早晚各练习半小时，今天下午拉肚子了，原因不明，继续观察。

第195天 1.5个小时

练功90分钟，体重长了2千克，这对腹泻型的克罗恩病人来说已经很不错了。我脸上的斑淡了很多，皮肤比之前光亮，脸色由之前的暗黄慢慢恢复正常。白天精气神很好，走路时两腿有力。虽然有时还会腹泻，但恢复起来比之前快很多。感谢阙老师与三院的庞主任及郝院长让我们有幸学习内劲一指禅，感恩。

第196天 1.5个小时

早晚各练习45分钟，晚上站桩微微出汗，感觉很舒服。

第197天 45分钟

晚上练习45分钟，今天感觉还不错，练完很舒服。

第198天 1.5个小时

早晚各45分钟，昨天晚上没睡好，今天站桩时感觉精神不太好。

第199天 1个小时

晚上站桩1个小时，最近感觉手掌的气感强了很多，练完后身体很舒服。

附录二

十四经循行及主治穴位图表

1.十四经循行部位与主治穴位表

经络		循行路线	常用穴位	主治病症
手三阴经	手太阴肺经	胸外侧→上肢内面桡侧→拇指桡侧	中府、尺泽、列缺、少商	胸、肺、咽喉病症
	手厥阴心包经	乳头外侧今胸→上肢内侧中央→中指端	天池、间使、内关、大陵、中冲	胸、心、胃神经等病症
	手少阴心经	胸窝→上肢内面尺侧→小指桡侧	极泉、神门、少海、少冲	胸、心、神志等病症
手三阳经	手阳阴大肠经	食指桡侧→上肢外面桡侧→肩前→颈→下齿→鼻旁	商阳、合谷、睦泽、肩髃、迎香	头、面、眼、鼻、口、齿、咽喉、发热等病症
	手少阳三焦经	无名指尺侧→上肢外面中央→肩上→颈→耳后→眉梢	关冲、中渚、外关、支沟、翳风、丝竹空	侧头、眼、耳、咽喉、胸部、发热等病症
	手太阳小肠经	小指尺侧→上肢外面尺侧→肩胛→颈→目下→耳前	少泽、天宗、肩外腧、听宫	头、颈、眼、咽喉、神志、发热等病症
足三阳经	足阳明胃经	眼下→上齿→面→颈前胸腹→下肢外侧前缘→次趾外侧	承泣、地仓、颊车、下关、天枢、足三里、厉兑	头、面、口、齿、咽喉、胃肠、神志、发热等病症
	足少阳胆经	目外侧→头顶→头顶外侧→项→胸、腰侧面→下肢外侧、四趾外侧	风池、肩井、环跳、阳陵泉、听会、阳白、足窍阴	侧头、眼、耳、肝、肋、胆、发热等病症
	足太阳膀胱经	目内眦→头顶→颈→脊柱两侧→下肢后面→外踝→小趾外侧	睛明、攒竹、肺腧、肝腧、胆腧、睥腧、昆仑、至阴	头顶、眼、腰、脊背、神志、发热等病症

（续表）

经络		循行路线	常用穴位	主治病症
足三阴经	足太阴脾经	拇指内侧→小腿内面前侧→小腿中央→大腿内面前侧→胸腹外侧	隐白、三阴交、阴陵泉、血海	腹、泌尿、生殖、胃肠、内分泌病等
	足厥阴肝经	拇指外侧→小腿内前面侧→大腿内面中央→前阴部→胁	大敦、行间、太冲、章门、期门	腹、泌尿、生殖、肝、胆等病症
	足少阴肾经	足掌心→下肢内面后侧—腹胸（靠正中线）	涌泉、太溪、照海、复溜、腧府	腹、泌尿、生殖肺、咽喉等病症
	任脉	会阴部→胸腹正中线→颈、下唇正中线	会阴、关元、气海、中脘、膻中、天突、承浆	咽喉、胸、肺、胃肠、泌尿、生殖内分泌等病症
	督脉	尾椎下→脊柱→颈→头顶正中线→额鼻、下唇正中线	长强、命门、大椎、百会、上星、人中、龈交	头面、咽喉、胸、泌黜、神志、内分泌等病症

注：本表摘自《中华气功点穴疗法精粹》

2. 常用气功点穴的部分穴位图解

在气功点穴的临床治疗中，必须掌握十四经循行及主治作用，还要熟悉人体分部穴位及其分寸进行辨证取穴治疗。就此分别介绍如下：

（1）头面颈项部（附图5、附图6）

头维——前额两发角，人发际1.7厘米，当神庭穴旁开15厘米。

神庭——鼻直上，人前发际1.7厘米。

百会——人前发际16.7厘米，当两耳尖自上头顶正中。

风池——项后枕骨下，大筋外侧凹陷中，略与风府穴相平。

风府——枕骨下，在项后人发际1.3厘米。

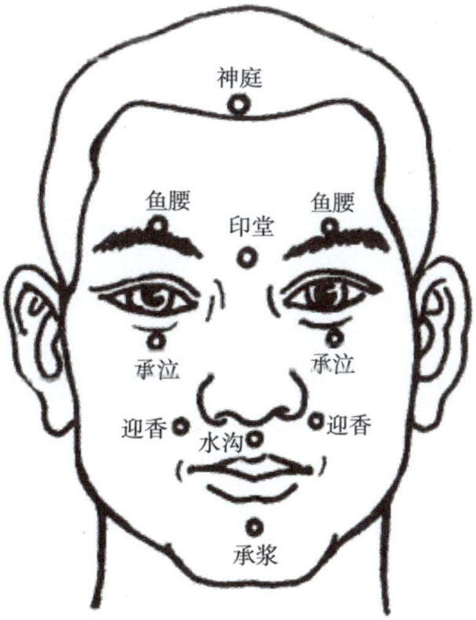

附图5

天柱——在项的后发际（当第1、2颈椎之间）大筋外侧陷中。

太阳——眉梢下端1横指陷中。

攒竹——眉头陷中。

睛明——目内眦角外0.3厘米陷中。

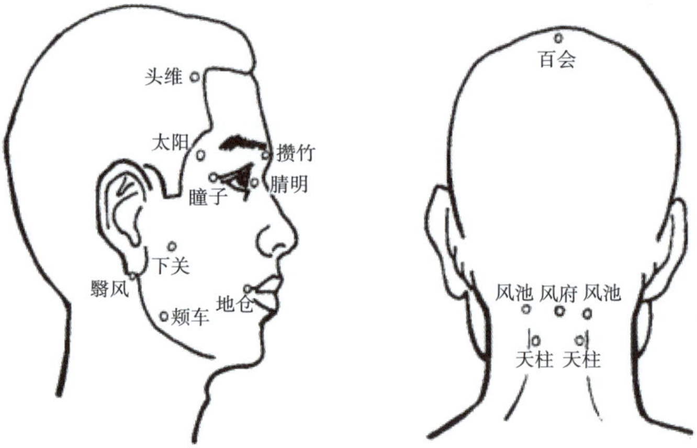

附图6

印堂——两眉之正中，准对鼻尖。

瞳子髎——目外眦角后约1.7厘米。

承泣——目下2.3厘米。

迎香——紧靠鼻孔旁外1.7厘米。

下关——耳前动脉下空下廉，合口有孔，张口则闭。

颊车——耳下方约3.3厘米，当下颌角嚼肌中。

地仓——平口角旁约1.3厘米许。

水沟——上唇人中沟上三分之一处。

承浆——下唇下陷凹中。

翳风——耳垂后，距耳约1.7厘米，骨边陷中。

鱼腰——眉毛当中。

（2）肩背腰臀部（附图7）

肩井——缺盆上，肩胛骨前，当大椎、肩髃两穴之间，略向前些。

大椎——第七颈椎棘突下。

大杼——项后第一椎下旁开5厘米。

肩髎——肩端两骨陷中，举臂有凹陷之处。

风门——第二椎下旁开5厘米。

秉风——肩胛岗上骨缝空内，近外侧缘（曲垣穴外约6.7厘米）。

肺腧——第三椎下旁开5厘米。

膏肓——第四椎下旁开10厘米（肩胛骨内缘）。

肩贞——肩胛下两骨之间，后腋缝纹端上3.3厘米。

心腧——第五椎下旁开5厘米。

天宗——秉风穴下方（约平第四椎），大骨下陷中。

隔腧——第七椎下旁开5厘米。

肝腧——第九椎下旁开5厘米。

胆腧——第十椎下旁开5厘米。

脾腧——第十一椎下旁开5厘米。

脊中——第十一椎下。

胃仓——第十二椎下旁开10厘米。

胃腧——第十二椎下旁开5厘米。

志室——第十四椎下（命门穴）旁开10厘米（平肾腧穴）。

肾腧　　第十四椎下旁开5厘米。

命门——第十四椎之下（即第二腰椎之下）。

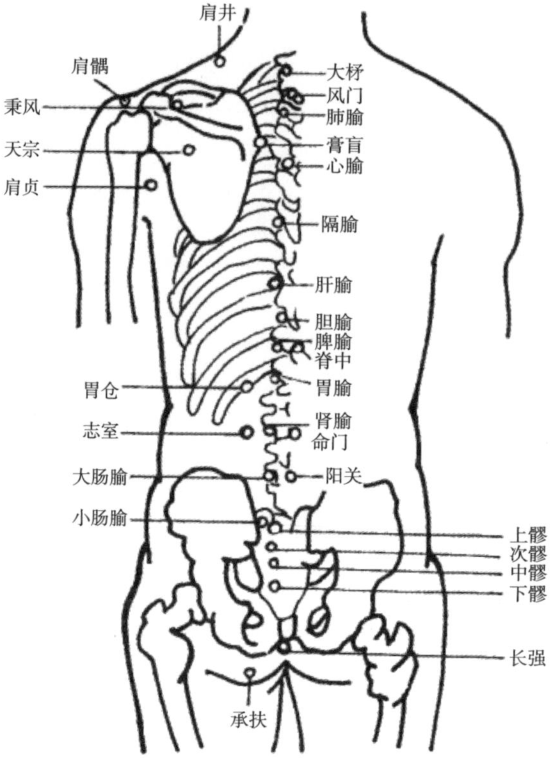

附图7

大肠腧——第十六椎下旁开5厘米。

阳关——第十六椎之下（即第四腰椎之下）。

小肠腧——第十八椎下（第一骶椎）旁开5厘米。

上髎——第十八椎旁，在第一骶骨孔中。

次髎——第十九椎旁，在第二骶骨孔中。

中髎——第二十椎旁，在第三骶骨孔中。

下髎——第二十一椎旁，在第四骶骨孔中。

八髎——即上、次、中、下醪的总称。

长强——尾骶骨端下1.7厘米处。

承扶——臀下横纹中央。

（3）胸腹部（附图8、附图9）

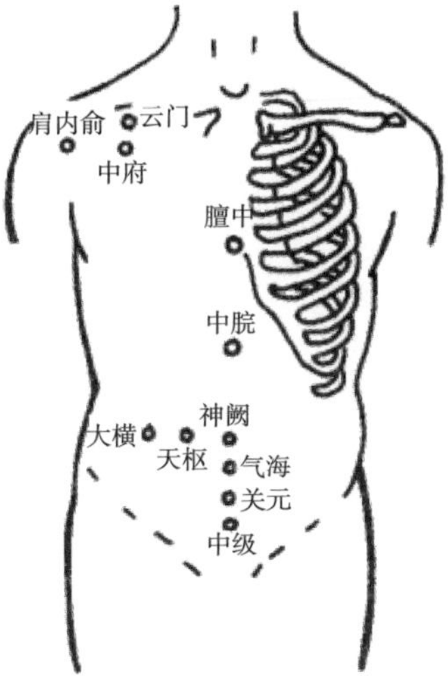

附图8

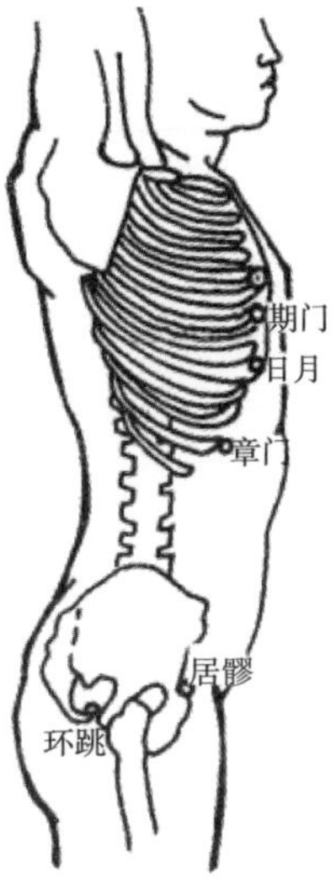

附图9

云门——在巨骨下方，肱骨头内缘喙突下，距正中线20厘米。

中府——乳上第三肋间，当云门穴下3.3厘米。

肩内腧——在三角肌前侧缘，与肩外前穴相对。

膻中——胸前正中线，两乳之中间。

期门——乳头直下二肋端，距正中线13.3厘米。

日月——期门穴下1.7厘米。

章门——季肋下，当第十一肋骨之端。

居髎——髂前上棘三分之一的髋后凹陷处。

环跳——髀枢中，大转子的后方，两足并立有凹陷处。

中脘——脐上13.3厘米。

大横——脐中旁开13.3厘米。

天枢——脐旁6.6厘米。

神阙——脐窝的中央。

气海——脐下5厘米。

关元——脐下10厘米。

中极——脐下13.3厘米。

（4）上肢部（附图10、附图11）

少海——屈肘内侧，大骨（肱骨内上髁）前1.7厘米许。

尺泽——肘窝横纹中，偏拇指侧筋外陷中。

内关——腕横纹上6.6厘米，两筋间。

列缺——腕横纹上棱侧5厘米，当两手虎口交叉，食指尽处。

神门——掌后尺骨之端，腕纹陷中。

曲池——曲肘外侧横纹头陷中。

手三里——曲池穴下6.6厘米。

外关——腕后（阳池穴上）6.6厘米两骨间。

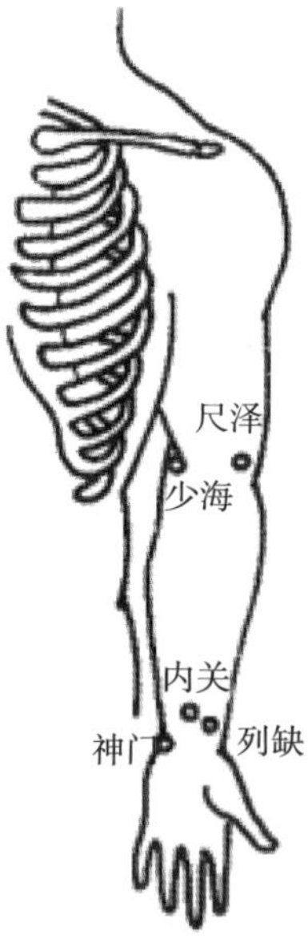

附图10

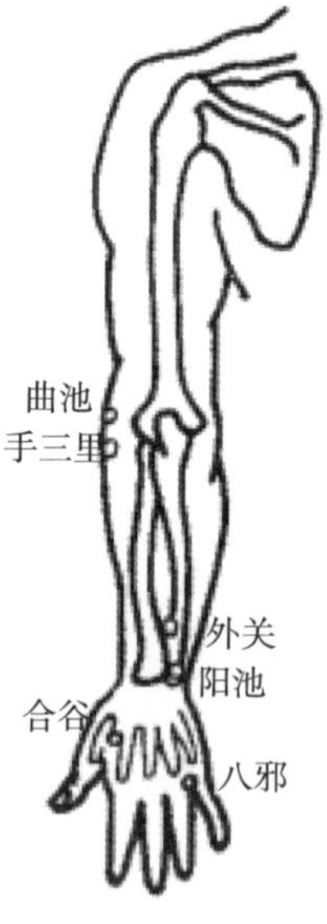

附图11

阳池——掌背腕部，无名指直上横纹陷中。

合谷——手虎口间，歧骨陷中。

八邪——两手指缝间，左右共8个穴点。

（5）下肢部（附图12、附图13）

髀关——伏兔之上交纹中。

伏兔——膝盖上20厘米，肉隆起处。

风市——直立垂手中指尖尽处，膝上23.3厘米。

鹤顶——膝盖骨正中直上3.3厘米。

膝眼——膝盖骨下两旁陷中。

阳陵泉——腓骨头前陷中，膝下6.6厘米（自髌骨间起）。

阴陵泉——膝下6.6厘米，内辅骨上陷中，与阳陵泉穴相对稍高些。

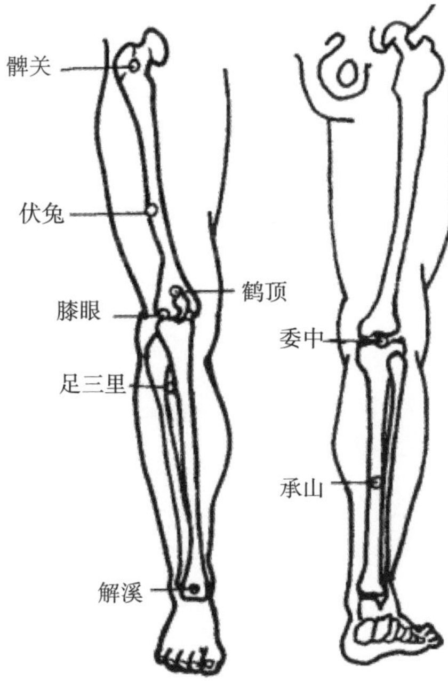

附图12

足三里——膝眼下10厘米，胫骨旁约3.3厘米筋间。

三阴交——内踝正中（去踝）直上10厘米。

解溪——足次趾直上，足背与小腿交界处横纹中。

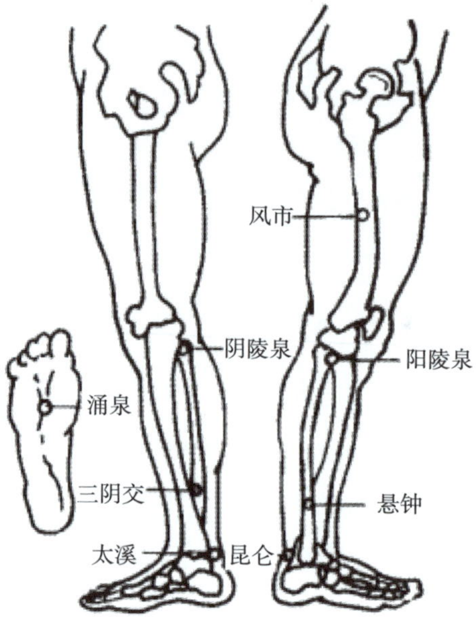

附图13

委中——腘窝横纹正中央。

承山——小腿肚下，分肉之间陷中。

悬钟——足外踝上10厘米，腓骨前。

昆仑——足外踝后1.7厘米，跟骨之上陷中。

太溪——足内踝后1.7厘米跟骨上。

涌泉——足掌心中央（约当足的前五分之二处）。

后　记

2016年2月，内劲一指禅被正式列入苏州市相城区非物质文化遗产名录，这不仅是对内劲一指禅健身功法的肯定，而且也为内劲一指禅的传承和发展提供了难得的历史机遇。为了更好地弘扬这份宝贵的历史文化遗产，使之更好地服务社会，惠及大众，我们响应国家体育总局积极推进体育项目进学校、进社区、进机关、进企业的指示精神，把学习、演练“内劲一指禅”作为增强个体体质、培养良好习惯、磨练顽强意志、塑造良好单位形象的大事来抓，创建了“三进”工程。

一是进学校。2016年4月8日，为了进一步推广“内劲一指禅”，由阙巧生、阙莉萍两位老师走进苏州大学，为老师们亲授功法，通过对功法一段时间的学习和锻炼，习此功法的学员们身体机能得到了不同程度的改善。现在，每周三下午仍是教授们自发组织的集体练功时间。

二是进企业。2015年至今，“内劲一指禅”走进了嘉兴花木兰服饰有限公司，董事长钱晓东亲自带领员工学习功法，一招一式地学习动作要领。通过“内劲一指禅”的习练，使职工的身体素质明显增强，工作时精力更加充沛，出勤率和安全系数逐步提高，工作质量、工作效率明显提高。产品研发步伐逐渐加快，产品市场占有率不断提高。这不仅提升了公司形象、扩大了公司影响，促进了公司的跨越式发展，同时，也增强了公司内部员工的团队凝聚力，实现了“内劲一指禅”文化和企业文化的完美结合，推进企业又好又快发展。

三是进社区。“内劲一指禅”动作简单易学，容易掌握，对练习者身体素质要求不高。为了便于更多的社区市民学习功法，2016年8月至今，我们不间断地在相城一些社区开展“内劲一指禅”功法普及班，为推进社区全民健身活动贡献力量。

在以上活动的基础上，考虑到能让更多的朋友了解“内劲一指禅”，认识和学习“内劲一指禅”，我们为此专门编写了这本图书，希望有更多的朋友从中收益。同时感谢为内劲一指禅功法弘扬作出贡献的所有同道和朋友。感谢人民体育出版社的支持，感谢所有为本书出版付出劳动的弟子。

最后，我还要感谢我的学生张秋霞、陈勇豪、钱晓东、张新建、马明星、吉建华、沈渊、安毅、周栋樑、童新华、王顺山、陈德明、武俊宪、罗荣道，肖雪妍、应兵等。

愿内劲一指禅为全民健身、为健康中国作出应有的贡献，谢谢国内外的朋友们！

内劲一指禅十九代掌门人　阙巧生

2018年1月

视频资料请关注
“内劲一指禅”公众号